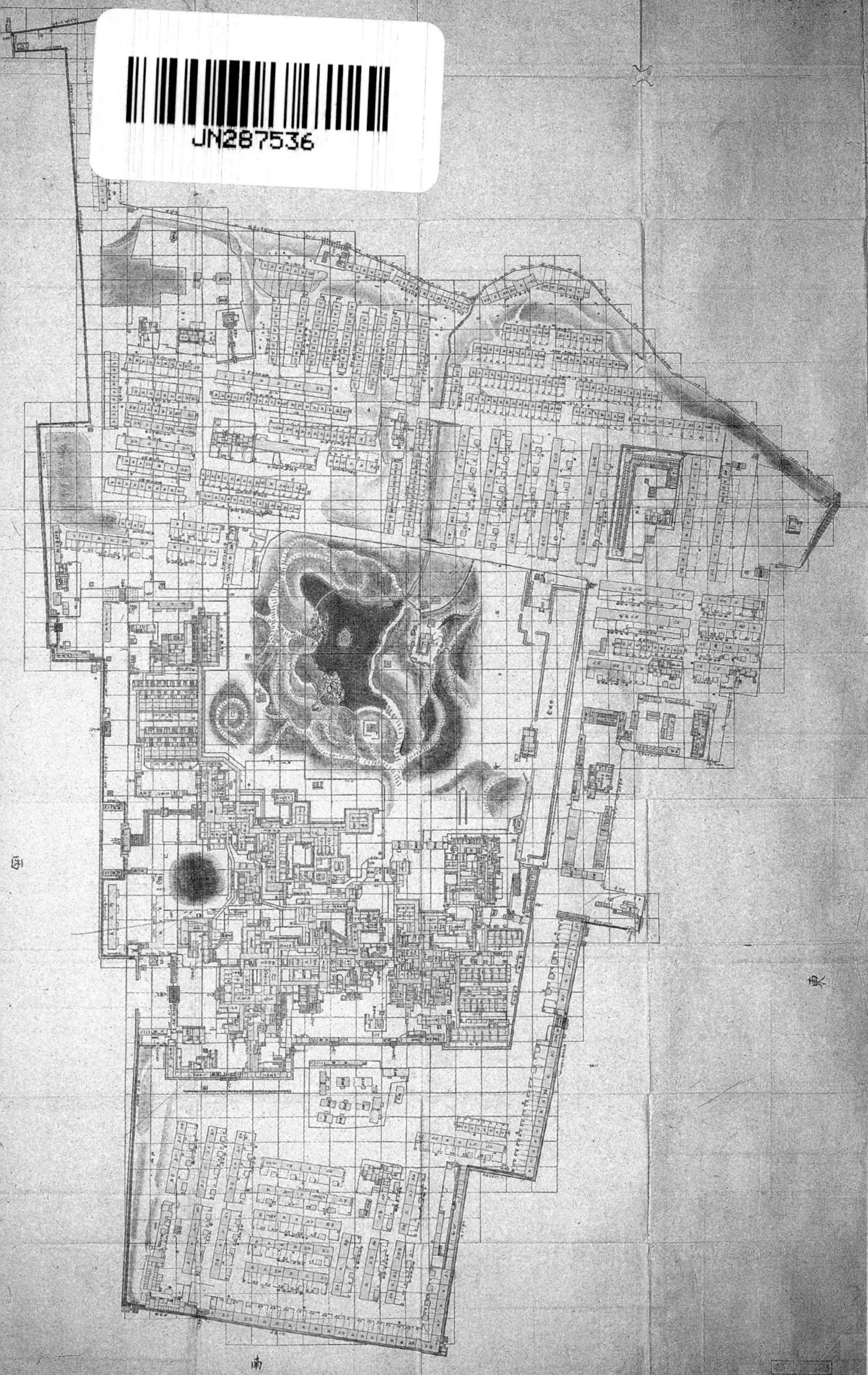
西
東
南

監修者——五味文彦／佐藤信／高埜利彦／宮地正人／吉田伸之

［カバー表写真］
江戸時代初期の加賀藩本郷邸
（『江戸図屛風』より）

［カバー裏写真］
前田家梅鉢紋の金箔瓦
（東京大学本郷構内の遺跡御殿下記念館地点出土）

［扉写真］
「江戸御上屋敷絵図」
（清水文庫）

日本史リブレット 87

大名屋敷と江戸遺跡

Miyazaki Katsumi
宮崎勝美

目次

●──表1　江戸遺跡発掘報告書件数(2006年10月時点)

区　名	発掘報告書件数	区　名	発掘報告書件数
千代田	34	江　東	2
中　央	11	品　川	8
港	51	目　黒	13
新　宿	155	渋　谷	12
文　京	74	豊　島	34
台　東	22	荒　川	3
墨　田	9	13区計	428

小川望氏作成表より集計。

①──大名江戸屋敷への関心

江戸遺跡の発掘調査

巨大都市江戸に関する研究のなかで、大名《だいみょう》屋敷に対する関心が強まってきている。これにはいくつかの理由が考えられるが、東京都心部において多くの近世遺跡＝江戸遺跡が発掘調査され、大名屋敷の存在形態やかつてそこを舞台として活動したさまざまな人びとの生活ぶりが明らかになってきたことが一つの大きな要因となっている。

江戸時代の遺跡はかつてはほとんど発掘調査の対象にならなかったが、一九七五(昭和五十)年に行われた都立一橋《ひとつばし》高校遺跡(千代田《ちよだ》区東神田《ひがしかんだ》二丁目)の発掘調査では興味深い遺構・遺物が数多く発見され、ついで一九八〇年代にはバブル経済による急速な再開発の進行にともなって多くの江戸遺跡の発掘調査が実施された。一九七〇年代以降に行われた江戸遺跡の発掘は、その調査結果が報告書として刊行されたものだけでも合計四二八件におよんでいる。表1は各区ごとにその件数を示したものである。一五五件を数える新宿《しんじゅく》区をはじめ、文京《ぶんきょう》区・港《みなと》区・千代田区・豊島《としま》区など中心部で多くの調査が実施されてきたことがみてとれる。

これらの発掘調査の特徴として、武家《ぶけ》屋敷、とくに大名屋敷▲の比率が高く、しかも個々の調査の規模が大きかったことがあげられる。そもそも江戸は都市域全体の面積のうち武家地が約七割を占め、そのなかば以上が大名屋敷地であったし、大名屋敷はその一つひとつが広大な面積をもっていたため明治維新《いしん》の後も公共用地として利用されてきた。それらのまとまった用地がつぎつぎに再開発の対象となったのであるから、大名屋敷の発掘事例が多いのもいわば当然の結果である。

都市江戸に関する研究と大名江戸屋敷

江戸遺跡の発掘では多くの場合、考古学的な調査と並行して文献史料・絵図史料の収集・分析が行われる。筆者は、加賀藩上屋敷本郷邸などの跡地にあたる東京大学本郷《ほんごう》構内の遺跡やその他いくつかの発掘調査に参加して、文献史料・絵図史料の調査を行ってきた。大名江戸屋敷への興味・関心を深めたのも、

▼**武家屋敷・大名屋敷**　江戸には参勤交代《さんきんこうたい》を義務づけられた二百数十家の大名の屋敷と幕府《ばくふ》直属の家臣団《かしんだん》である旗本《はたもと》・御家人《ごけにん》あわせて二万家以上の屋敷がおかれた。これらを総称して武家屋敷と呼ぶ。

それらの調査を進めるなかでのことであった。

都市江戸に関する従来の研究では武家屋敷・大名屋敷は十分に取り上げられていなかったが、遺跡調査が進展するなかで、武家屋敷・大名屋敷を都市江戸を構成する重要な要素として位置づける論考が公表されるようになっていった。筆者と同様に東京大学本郷構内の遺跡の文献史料・絵図史料調査に参加した吉田伸之氏は、加賀藩《かがはん》▲本郷邸の事例をもとにして大名屋敷が「御殿空間《ごてんくうかん》」と「詰人《つめにん》空間」という二重構造をなしていたことを指摘するとともに、屋敷の内部および外部とのあいだに形成された社会関係に注目し、「大名屋敷とそれが磁極となって形成される磁界のような社会構造」を「藩邸社会」と呼んで都市江戸全体のなかに位置づけた。こうした吉田氏の研究に続いて、江戸の武家屋敷・大名屋敷を対象とした研究がようやく蓄積されるようになってきた。それらの研究は、同時進行している江戸遺跡の発掘調査やそれを素材とした近世考古学の研究にも少なからず影響をあたえている。大名江戸屋敷に関するイメージは、発掘調査が盛行する以前に比べればはるかに豊かなものになっているといえるだろう。

▼**加賀藩**　加賀・越中《えっちゅう》・能登《のと》の三カ国で一〇二万五〇〇〇石《ごく》を領した外様《とざま》最大の藩。藩主前田家《まえだけ》は幕府から御三家《ごさんけ》に準ずる待遇をあたえられた。

江戸時代前期の空白域

しかしながら大名江戸屋敷の発掘調査では、性格不明のまま解決が先送りとなってしまう遺構・遺物が毎回多数生じている。中世以前に比べれば文献史料も絵図史料も多数伝存しているのだが、人びとの暮しぶりを具体的に知らせる史料が思いのほか少なく、発見された遺物に関する周辺史料がみつからないことは珍しくない。藩によって関係史料の残存量が大きく異なっていることも影響しており、とくに転封《てんぽう》の多い譜代《ふだい》▲小藩では遺構・遺物を文献・絵図で検証できるほどの史料が残っていないことが多い。また、考古学的調査と文献・絵図などの周辺史料を総合する研究の方法論もまだ確立しているとはいいがたいのが現状である。

江戸時代二百数十年をとおしてみると、その前期＝十七世紀段階の遺構・遺物についての説明が十分になされていないことが多い。興味深い事例は多数発見されているのであるが、遺跡相互での比較検討がまだ十分に進展しておらず、文献・絵図史料の量が中・後期に比べて格段に少ないためにそれらによって遺構・遺物を性格づけるのが困難なのである。

▼**譜代大名**　江戸時代の大名格式の一つ。関ヶ原《せきがはら》の戦い以前から徳川氏《とくがわし》に従っていた武士で一万石以上に取り立てられた者。ほかに徳川一門《いちもん》の親藩《しんぱん》大名と関ヶ原以後に服属した外様大名とがある。譜代大名は親藩や外様大名と違い、転封(所領替え)となる回数が多かった。

江戸遺跡の調査が本格化してからすでに二〇年余りがすぎようとしている。その間に多くの研究成果がえられたが、今後さらに考古学と文献史学・関連諸学が連携を強め、未解決のまま残されている部分の解明につとめる必要がある。本書では、東京大学本郷構内の遺跡＝加賀藩本郷邸跡地遺跡の発掘成果を紹介しつつ、いまだに空白となっている江戸時代前期の大名江戸屋敷の状況を、限られた史料によって復元していきたいと考えている。

②――東京大学本郷構内の遺跡と加賀藩江戸屋敷

江戸遺跡の発掘と大名江戸屋敷

考古学界で近世遺跡を発掘調査することの必要性が明確な形で主張されたのは、一九六九(昭和四十四)年の日本考古学協会大会における中川成夫・加藤晋平両氏の「近世考古学の提唱」である。一九七〇年代にはいると、これを受けて近世遺跡の発掘事例が徐々に増加してきた。なかでも一九七五(昭和五十)年に実施された都立一橋《ひとつばし》高校遺跡の調査は、実際にその現場を体験された古泉弘氏が著書『江戸を掘る――近世都市考古学への招待』で専門家以外の読者にもわかりやすく紹介されたため、多くの歴史研究者や愛好家らが近世遺跡に目を向けるきっかけとなった。

この遺跡は江戸下町《したまち》の寺院および町地にあたっていたが、湿度の高い低地に位置していたため、井戸側《がわ》や板張りの地下室、漆器《しっき》や下駄《げた》など、台地上の遺跡ではほとんど失われてしまう木製品が大量に出土した。そのほか陶磁器《とうじき》類をはじめ、江戸の庶民が日ごろ使っていたさまざまな生活用具が発見された。一六五七（明暦《めいれき》三）年正月に発生した江戸最大の火災、いわゆる明暦の大火の焼土層が調査地点の地下に分厚く残っており、それより下層、つまり一六五七年以前の遺物も多数確認された。残存する文献史料が少ない年代の遺物であり、またそもそも文献史料には残りにくい、日常のごくありふれた生活用具が実際にみつかったことにより、当時の人びとの生活の実態を具体的に知る大きな手がかりがえられたのである。

その後一九八〇年代にはいると江戸遺跡の発掘件数はさらに増加し、大名《だいみょう》屋敷跡地の調査事例もふえていった。それらのなかでも加賀藩《かがはん》などの大名屋敷の跡地にあたる東京大学本郷《ほんごう》キャンパスでは、一九八四（昭和五十九）年から現在にいたるまで断続的に大規模な発掘調査が行われており、その件数は八一件、調査総面積は六万平方メートル余りに達している。調査を担当している東京大学埋蔵文化財調査室▲のスタッフによって遺構・遺物の研究も精力的に進められており、江戸遺跡の調査・研究を進めていくうえでの基準となる成果が蓄積されてきている。

▼東京大学埋蔵文化財調査室　東京大学構内の発掘調査を行うために設置された学内組織。一九八四（昭和五十九）年に東京大学遺跡調査室として発足し、九〇（平成二）年に改組されて現在にいたっている。

加賀藩の江戸屋敷

赤門《あかもん》の存在でよく知られているように、東大本郷キャンパスは加賀藩上屋敷《かみやしき》本郷邸の跡地である。加賀藩は初め江戸城直近の龍之口《たつのくち》(現・千代田《ちよだ》区大手町《おおてまち》一丁目)に上屋敷▲をあたえられたが、明暦の大火(一六五七年)で全焼したのちに筋《すじ》違橋《かいばし》外(現・千代田区外神田《そとかんだ》三丁目)に移り、天和《てんな》の大火(一六八二年)の翌年にはそれまで下《しも》屋敷であった本郷邸が上屋敷となった。天和の大火以降、加賀藩は、本郷上屋敷(幕末期の面積八万八四八二坪余)・駒込《こまごめ》中屋敷(二万六六〇坪、現・文《ぶん》京《きょう》区本《ほん》駒込六丁目)・平尾《ひらお》下屋敷(板橋《いたばし》屋敷とも、二一万七九三五坪、現・板橋区加賀一丁目ほか)・深川蔵《ふかがわくら》屋敷(二六六八坪、現・江東《こうとう》区門前仲町《もんぜんなかちょう》一丁目)の四つの屋敷を所持し、大きな変化なく幕末にいたっている。本郷邸は上屋敷としては徳《とく》川三家《がわさんけ》に準ずる広さをもち、加賀藩江戸屋敷の中枢機能をすべて集めるものであった。

東大本郷キャンパスの敷地は、正確にいうと加賀藩以外の屋敷地にもかかわっている。図1は幕末期、一八五三(嘉永《かえい》六)年の切絵図《きりえず》▲である。この図に描かれた屋敷のうち次の八つが現在の東大本郷キャンパスの敷地にあたっている。

▼**上屋敷**　江戸の大名屋敷には、藩主の居屋敷である上屋敷、世子《せいし》などの住居がおかれた中屋敷、遊興や災害時の避難先として用いられた下屋敷、米や物資を貯蔵するための蔵屋敷などの種別があった。これらの多くは拝領屋敷として幕府(将軍)からあたえられたが、それでもたりない場合は近郊の田畑などを買いとって抱《かかえ》屋敷とすることも少なくなかった。

▼**切絵図**　携帯用におりたたんで用いられた江戸の区分地図。木版刷りで美しい彩色がほどこされたものが多い。板元の名をとって近江《おうみ》屋板・尾張屋板・平野屋板などと呼ばれるシリーズがある。

●──図１　「小石川・谷中・本郷絵図」（1853〈嘉永６〉年尾張屋板）

加賀藩前田家《まえだけ》上屋敷(八万八四八二坪余)
富山《とやま》▲藩前田家上屋敷(一万一〇八八坪余)
大聖寺《だいしょうじ》▲藩前田家上屋敷(五七六二坪余)
高田《たかた》▲藩榊原家《さかきばらけ》中屋敷(一万八二五一坪余)
水戸《みと》▲藩徳川家中・下屋敷(六万四三三二坪)
安志《あんじ》▲藩小笠原家《おがさわらけ》下屋敷(坪数不明)
旗本森川家《はたもともりかわけ》▲屋敷(一一三一坪)
先手鉄砲組《さきててっぽうぐみ》▲屋敷(三〇〇坪)

このうち富山藩・大聖寺藩は加賀藩の支藩であり、その屋敷地は本家《ほんけ》の加賀前田家から貸与されていた。安志藩の下屋敷は実は一八三〇年代に消滅して水戸藩邸に含み込まれていたのであるが、表向きはまだこの場所に存在したことになっており、そのため切絵図にはそのまま描かれている。

加賀藩本郷邸の空間構成

数万坪にもおよぶような広大な屋敷地の内部はどのような構造になっていた

▼**富山藩**　加賀藩の支藩。外様大名一〇万石《ごく》。

▼**大聖寺藩**　加賀藩の支藩。外様大名、初め七万石、のち一〇万石。加賀国江沼《えぬま》郡などを領した。

▼**高田藩**　越後《えちご》頸城《くびき》郡におかれた藩。一七四一(寛保元《かんぽう》)年以降は一五万石の譜代大名榊原家が領した。

▼**水戸藩**　常陸国《ひたちのくに》三五万石を領した親藩《しんぱん》。

▼**安志藩**　一七一六(享保元《きょうほう》)年に播磨《はりま》国宍粟《しそう》郡におかれた一万石の譜代藩。

▼**旗本森川家**　旗本森川家の屋敷は中山道《なかせんどう》と日光《にっこう》御成道《おなりみち》の分岐点(駒込追分《おいわけ》)におかれ、江戸の北の出入口を守る役目をあたえられていた。この一帯は森川宿《しゅく》と呼ばれ、近代になってからは森川町の町名がつけられている。

▼**先手鉄砲組**　江戸幕府の軍制の一つ。先手は先鋒を意味する。弓組(一〇組程度)と鉄砲組(二〇組程度)があり、各組とも組頭《くみがしら》の下に与力《よりき》一〇騎・同心《どうしん》三〇〜五〇人が配置されていた。

のであろうか。幸い加賀藩については多くの屋敷絵図が伝えられており、それらによって概要を知ることができる。加賀藩の藩政史料の多くは加越能《かえつのう》文庫として、現在金沢市立玉川《たまがわ》図書館近世史料館に所蔵されている。その総点数は一〇万点を超えるが、そのなかに多数の屋敷絵図が含まれており、江戸屋敷のものだけでも全体図が約二〇点、部分図を加えると約二〇〇点におよぶ。このほか財団法人前田育徳会尊経閣《そんけいかく》文庫や石川県立歴史博物館・石川県立図書館などに貴重な江戸屋敷絵図が残されている。

本書の扉の写真は、天保《てんぽう》後期、一八四〇年代前半の状況を描いたと推定される加賀藩本郷邸の絵図であり、図2はそれをトレースしたものである。これは淡彩で描かれた縦一〇二センチ×横一七二センチのやや大型の絵図で、屋敷地の全体に一〇間《けん》の枡目が約三センチ(一寸)間隔に朱筆で書き込まれている。加賀藩ではほとんどの場合、一間＝六尺(約一八二センチ)の田舎間《いなか》が基準尺度として用いられているので、この絵図の縮尺は六〇〇分の一とみることができる。

この絵図によって屋敷内の空間構成をみてみると、まず、屋敷地全体が塀や長屋《ながや》(表長屋、または外長屋という)で囲われているが、それとは別にもう一つ内

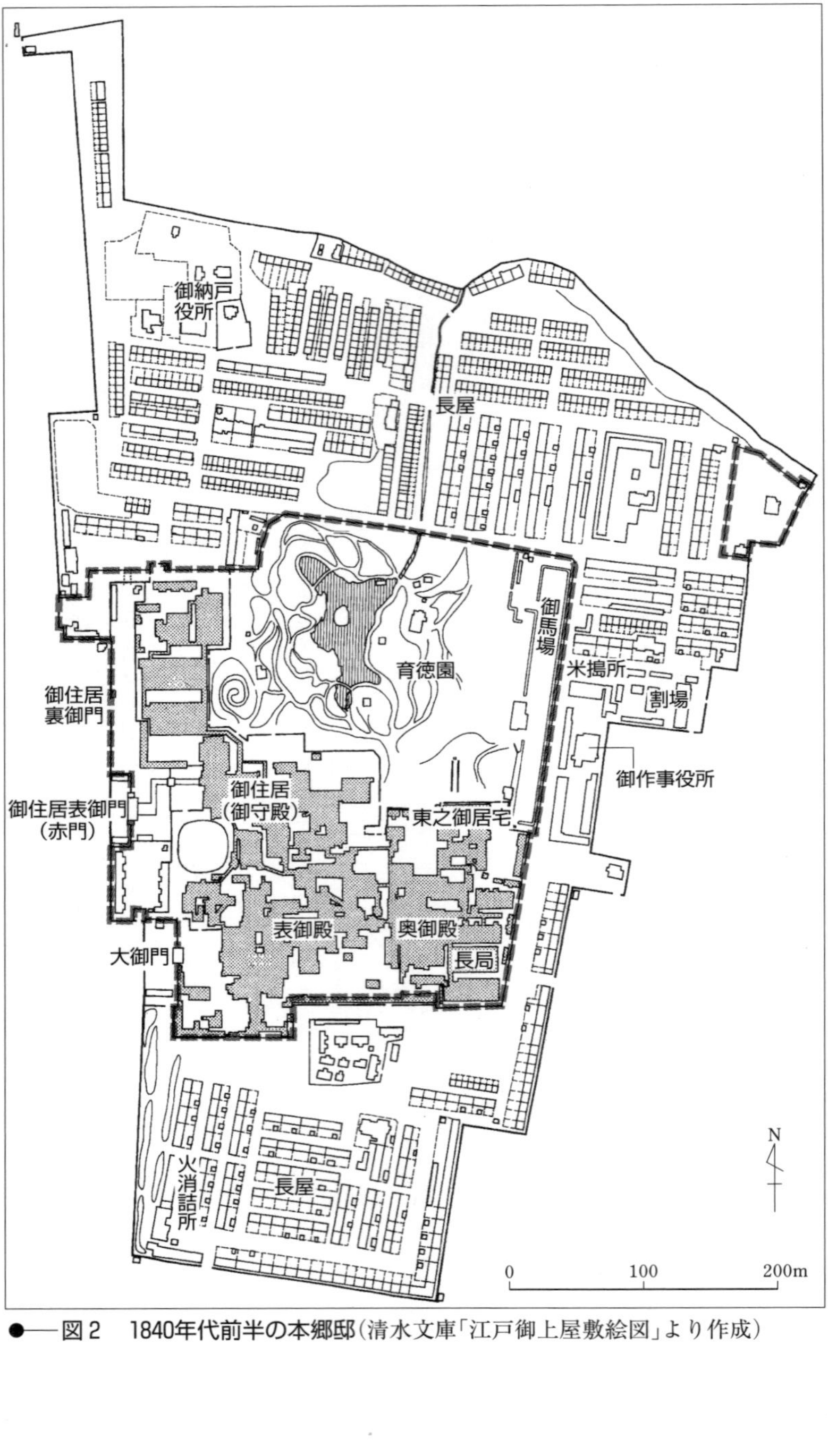

●──図２　1840年代前半の本郷邸（清水文庫「江戸御上屋敷絵図」より作成）

側に塀をめぐらした囲いがあることがわかる。つまり外囲いと内囲いによって二重に閉じられた空間構成をみせているのである。図2では、内囲いの範囲を破線で示した。この内側の空間には、屋敷の中心となる殿舎《でんしゃ》（御殿《ごてん》）とそれに付随する庭園（育徳園《いくとくえん》）や馬場などが配置されている。殿舎は藩主《はんしゅ》や重臣《じゅうしん》らの応接や政務のための場所である表《おもて》御殿と、藩主とその家族、奥女中らの住居である奥御殿とからなっている。これに対して外囲いと内囲いのあいだの空間には多数の長屋や藩の役所が配置されている。この二重構造の内側部分は「御殿空間」、外側は「詰人《つめにん》空間」と呼ばれているが、加賀藩本郷邸は多くの大名江戸屋敷のなかでももっともその構造が明確にあらわれている事例である。

御殿空間の構成

本郷邸の絵図をもう少し詳しくみていこう。一八四〇年代前半のこの時期、加賀藩の藩主は前田斉泰《なりやす》▲であり、その夫人は将軍徳川家斉《いえなり》▲の娘溶姫《ようひめ》であった。絵図の御殿空間をまずみると、この屋敷全体の正門にあたる「大御門《おおごもん》」が絵図の左側、つまり西側に向けて開かれている。この門から式台《しきだい》（正面玄関）をはいる

▼**前田斉泰**　一八一一〜八四年。加賀藩十三代藩主。

▼**徳川家斉**　一七七三〜一八四一年。十一代将軍。一七八七（天《てん》明《めい》七）年から一八三七（天保八）年までの五〇年間将軍職にあり、五三人の子をもうけた。

と、藩主が藩士《はんし》や外部からの訪問者と対面するための大書院《おおしょいん》・小《こ》書院などの広間や、家老《かろう》以下藩政中枢部が政務をとるための諸部屋が数多く配置されている。この政治・儀礼のための殿舎が表御殿である。

その表御殿をとおってさらに奥に向かうと、藩主の居間や寝所《しんじょ》など私的な生活のための殿舎＝奥御殿にたどり着く。一番奥には奥女中らの住居である長《なが》局《つぼね》も三棟設けられている。しかし、正室である溶姫の住居はここではない。この本殿とは別に、大御門の脇に配置された広大な「御住居《おすまい》」が、将軍の娘を正室に迎えるためにあらたに造営された殿舎である。加賀藩前田家のような、家格の高い大名に嫁した将軍の娘とその住居は「御守殿《ごしゅでん》」と呼ばれるのが通例であるが、徳川家斉は溶姫の入輿《じゅよ》を前に「御守殿」より略式の「御住居」と称することを命じた。「御守殿」とは一般に官位が三位より上の人物の夫人、およびその住居のことをさすとされており、入輿の時点で斉泰がまだ三位に達していなかったことも関係していようが、より直接的には、溶姫の入輿により加賀藩の財政状態が悪化することを家斉が憂慮したのであった。しかしその後、斉泰が従三位権中納言《ごんのちゅうなごん》に叙任したのを機に加賀藩側から願い出て、一八五六(安政《あんせい》三)年二月に御守殿への改称が許された。

　絵図に「御住居表御門」と記されているのが東京大学キャンパスに現存する赤門である。赤門は御守殿の門の特徴とされているが、それに限らず国持クラスの大名の屋敷ではしばしば朱塗りの門が建てられた。江戸末期の絵画史料をみると数多くの赤門が描かれており、たとえば三代歌川豊国《うたがわとよくに》▲の「東都本郷光景《とうとほんごうこうけい》」(図3)は加賀藩本郷邸の大御門・御住居表御門・同裏御門の三つの門を描いているが、御住居表御門以外の二つの門も赤く塗られている。また江戸の町全体を俯瞰的に描いた鍬形蕙斎《くわがたけいさい》▲の『江戸一目図屏風《えどひとめずびょうぶ》』(図4)でもあちこちに赤門が描かれている。東京都内に現存する建築遺構が東大の赤門だけになってしまったため、非常に特殊な門のように受け止められる向きがあるが、江戸の武家地には多くの赤門が存在したのである。

　東大の赤門は、明治二十年代にキャンパスの拡張にともなって一五メートル程西よりに移築され、門の両側に続く板塀(袖塀)の腰海鼠《こしなまこ》が腰板塀につくりかえられるなど一部改変を受けたが、基本的には建築当初の様式を残している。三間の薬医門《やくいもん》で両側に番所《ばんしょ》を構え、奥向き御殿の門であるにもかかわらず屋敷

▼**三代歌川豊国**　一七八六〜一八六四年。幕末を代表する浮世絵《うきよえ》師《し》の一人。初代歌川豊国の門人で、役者絵や美人画を中心にして、数多くの作品を残した。

▼**鍬形蕙斎**　一七六四〜一八二四年。初め北尾重政《きたおしげまさ》に入門して浮世絵師となり、のち津山《つやま》藩松平《まつだいら》家に取り立てられてお抱え絵師となった。

●──図 3　歌川豊国「東都本郷光景」　Aが大御門，Bが御住居表御門，Cが御住居裏御門。

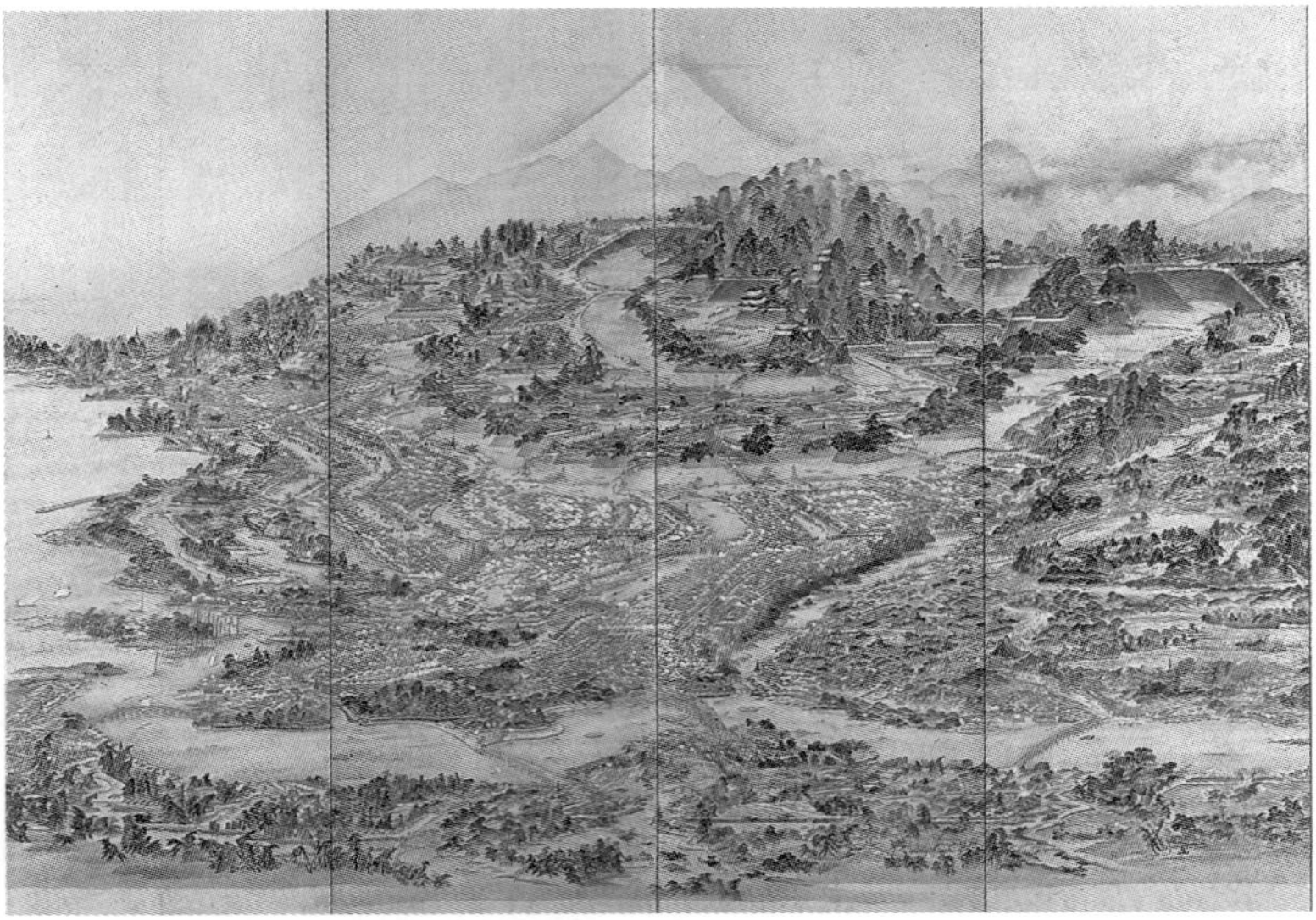

●──図 4　鍬形蕙斎『江戸一目図屏風』

の正面に向けて建てられている。「御住居」がいかに特別な殿舎であったのかがよくわかる配置である。

「御住居」は江戸城大奥《おおおく》などと同じく三つの部分からなっている。江戸城大奥での呼び方にならうと、それらは⑴役所向《むき》、⑵広敷《ひろしき》向、⑶長局向、の三つである。⑴は執務室や詰所で、表役人（男役人）のそれと奥女中のそれとに区分されていた。⑵はこの殿舎の主人である正室の居住スペース、⑶は総勢二〇〇人を超える女中らの住居である。表役人や女中らは溶姫が江戸城大奥からつれてきた者たちで占められていた。

以上が藩主斉泰とその正室溶姫の殿舎であるが、絵図が描かれた時期には、奥御殿近くに「東之御居宅」と呼ばれる小規模ながら独立した殿舎が設けられていた。それは斉泰と溶姫とのあいだに生まれた慶寧《よしやす》▲の住居である。慶寧は将軍の実の孫にあたるため、溶姫と同様、藩邸内でも格別の待遇をあたえられていたのである。

御殿空間には殿舎のほかに庭園や馬場が設けられていた。庭園は育徳園と呼ばれ、後述するように、江戸時代初めの一六二九（寛永《かんえい》六）年に将軍家光《いえみつ》▲と大御《おおご》

▼前田慶寧　一八三〇〜七四年。加賀藩十四代藩主。

▼徳川家光　一六〇四〜五一年。三代将軍。秀忠の次男。

▼徳川秀忠　一五七九〜一六三二年。二代将軍。家康《いえやす》の三男。

所秀忠《しょひでただ》▲があいついでこの屋敷を訪れた際に造営されたものである。馬場は大藩の江戸屋敷には必ずつくられていた。本郷邸の馬場は長さ約一一〇間(約二〇〇メートル)の長大なものであり、その中央付近には藩主が家臣《かしん》の乗馬を見物するための「御馬見所《おばけんじょ》」が建てられていた。藩主の召馬《めしうま》は時にその数五〇頭にもおよぶが、この時期の「御厩《おうまや》」は御殿空間の外部におかれていた。

詰人空間の構成

詰人空間とは江戸詰人の住居を中心とするエリアである。ただし「江戸詰人」とは、正確には藩主の参勤に随行して一年ほど江戸屋敷に滞在し、また国元に戻る家臣をいい、一般にはこのほかに江戸屋敷に家族とともに定住する「定府《じょうふ》」と呼ばれる家臣がいた。老中《ろうじゅう》・若年寄《わかどしより》など幕府の要職に就く譜代《ふだい》大名の場合はその職務を遂行するため数多くの定府家臣を江戸屋敷においていたが、外様《とざま》大名の場合、その数は比較的少ないのが一般的である。加賀藩の場合も定府はお抱え医師などごくわずかな人数にすぎず、大部分が短期間で交代する江戸詰人であった。そのため江戸屋敷に居住する家臣のことを加賀藩では詰人と総称していたのである。

図2の本郷邸絵図のなかには藩士の個人名が記入されている住居が八軒程ある。それが定府家臣であり、いずれも小規模ながら囲いをもち、そのなかに独立した家屋が建てられている。これに対して大多数の住居は、長さ数間から約五〇間におよぶ長屋であり、それらには「御居宅前壱番《ごきょたくまえ》」「与力町《よりきまち》弐番」などといった名前がつけられていた。短期間で交代する詰人らがこれらの長屋に分住したのであり、家老クラスの上級家臣も「年寄小屋」という長屋を住居としていた。詰人らは禄高《ろくだか》や役職によって決められた間口分の長屋を割り当てられて、そこに国元からつれてきた家臣らとともに居住した。一定クラス以上の詰人の長屋は狭いながらも表と奥に分かれており、玄関前の庭には厩が設けられているものもあった。その一方で、絵図では判然としないが、藩邸の諸機能を維持するために数多くの中間《ちゅうげん》・小者《こもの》▲らがいずれかの長屋に大部屋居住していたはずである。

江戸時代後期の本郷邸には、二千数百人の詰人が生活していた。一七九八(寛政《かんせい》十)年の調査では江戸屋敷全体の詰人数が二八二四人となっており、その

▼中間・小者　江戸時代の武士は、雑用をつとめたり外出時に道具持ちなどをする中間や小者と呼ばれる従卒をかかえていた。小者は中間より下位にあり、もっぱら雑用にあたった。江戸の場合、これらの武家奉公人《ぶけほうこうにん》は口入屋《くちいれや》をとおして雇い入れられることが多かった。

大半が上屋敷である本郷邸の居住者と考えられる。しかしこのうち藩から直接禄を受けていた家臣は二四〇人にすぎず、その陪臣《ばいしん》が八三七人、ほかに足軽《あしがる》▲以下の下卒《かそつ》や中間・小者らがあわせて一七四七人もいた。藩邸の機能はそれら下層の人びとによって支えられていたのである。ちなみにこの人数調査には、御殿空間内に居住する藩主家族や奥女中らは含まれていない。藩主の家族はごくわずかな人数であるが、奥女中の数は多く、とくに将軍の娘が正室となった場合などは二〇〇人から三〇〇人にもおよぶことがあった。溶姫が輿入れした時期の本郷邸には、それらの女中を含めると総勢三〇〇〇人を超える人びとが生活していたものと推定される。

詰人空間には多数の長屋群のほかに、作事方《さくじかた》▲・納戸方《なんどかた》▲・割場《わりば》▲などの役所や加賀鳶《とび》の名で知られる火消衆の詰所、詰人の生活に必要な物資を供給する米搗所《こめつきじょ》などの施設が設けられていた。大名江戸屋敷は江戸藩庁の所在地であり、藩主やその家族をはじめ二〇〇〇人以上という膨大な数の人びとの生活を維持するために必要な施設をおいておかなければならなかったのである。

▼**足軽**　もともとは弓や鉄砲をもち戦闘に加わる歩卒《ほそつ》。平時《へいじ》には番所《ばんしょ》などの番士《ばんし》や役所の雑務にあたった。

▼**作事方**　江戸屋敷内の建築営繕を担当した役所。

▼**納戸方**　納戸は藩主の家族らの装束や調度類をおさめた蔵。これを管理する役所として納戸方がおかれた。

▼**割場**　藩直属の足軽や中間・小者を管理し、必要に応じて各役所や藩士のもとに供給した組織。

東京大学本郷構内の遺跡

本書の冒頭でふれた「御殿空間」と「詰人空間」という大名屋敷の二重構造への着目は、一九八〇年代以降の大名江戸屋敷跡地の発掘調査でも大きな意味をもつこととなった。大名江戸屋敷の内部には、藩主から中間・小者まで、非常に大きな階層差をもった集団が生活していたのであり、そこにはおのずからその階層構成に対応したエリア設定がなされていた。発掘調査はほとんどの場合、屋敷地の一部分だけを対象にして実施されるのであるから、その地点が屋敷地のなかでどのような位置にあたるのかを知ることが遺構・遺物の性格を理解するうえできわめて重要なのである。

この「御殿空間」と「詰人空間」との違いに注意しながら、東京大学本郷構内の遺跡の発掘成果をみていこう。次の図5は現在の本郷キャンパスの平面図である。この図には幕末期の屋敷割とともに一九八四(昭和五十九)年以降に東京大学埋蔵文化財調査室(当初は遺跡調査室)によって発掘された調査地点が示されている。これまでの調査で発見された遺構・遺物は膨大な数量におよぶが、ここではそのなかからごく一部を紹介する。

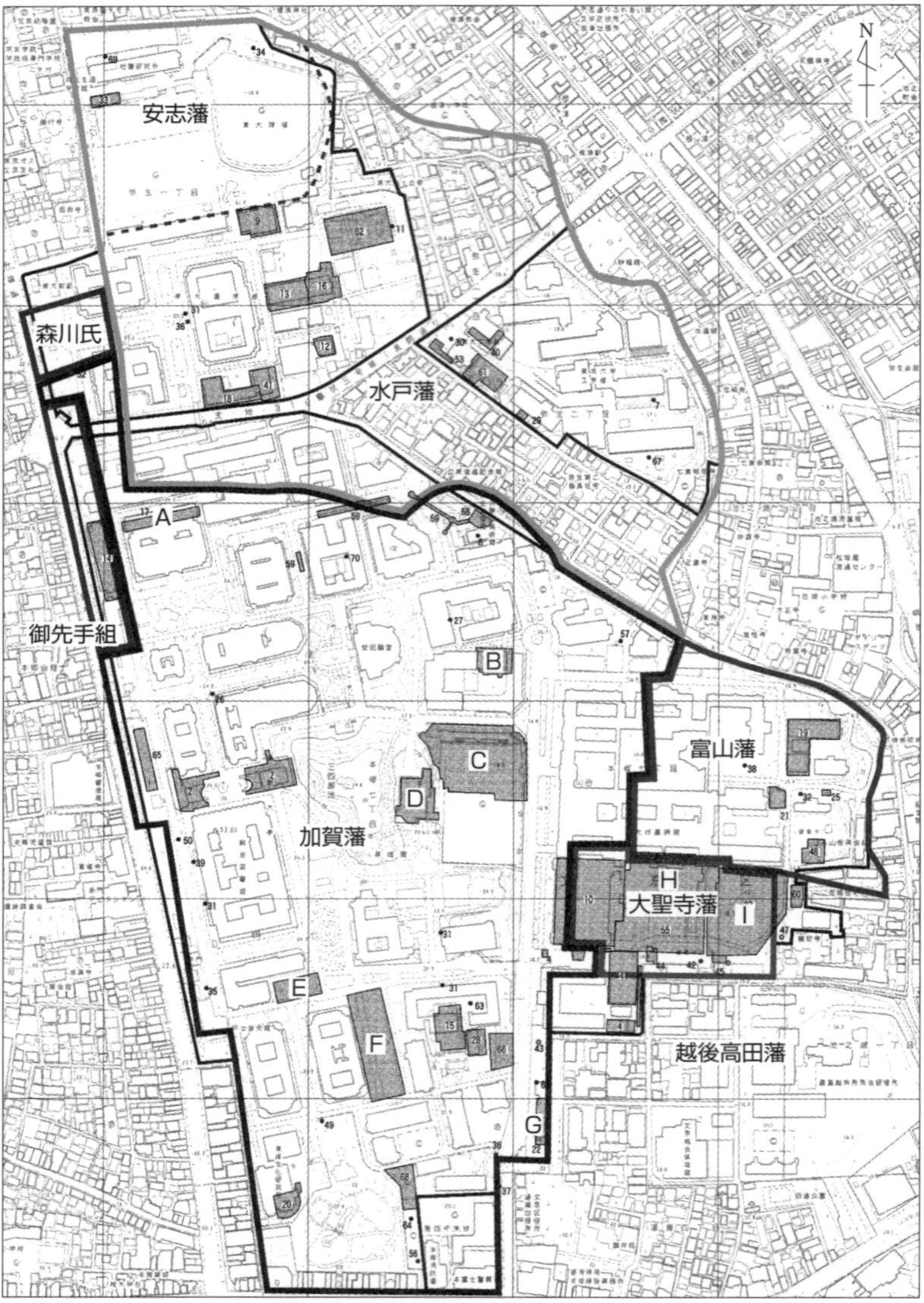

●──図5　東京大学本郷構内の遺跡発掘調査地点　　▭が発掘調査地点。本文などでふれる調査地点に記号をつけた。A：工学部1号館地点，B：理学部7号館地点，C：御殿下記念館地点，D：山上会館地点，E：総合研究棟地点，F：医学部教育研究棟地点，G：本郷福利施設地点，H：附属病院中央診療棟地点，I：附属病院病棟地点。

御殿空間の遺跡

本郷邸跡地の遺構のなかでもっとも御殿空間らしい特徴をもっているのは、医学部教育研究棟地点で出土した能舞台《のうぶたい》跡であろう。図6にみられるように、三間四方を標準とする本舞台とその右脇の地謡《じうたい》座、奥の後《あと》座、そこから斜め左上に伸びる橋掛《はしがか》りの形状がはっきりとみてとれる。舞台は音響効果を高めるために床下を掘りさげており、全体に厚さ約一〇センチほどの漆喰《しっくい》が塗り固められていた。柱下《はしらした》の礎石《そせき》は大きなもので八〇センチ×六〇センチ、厚さ五〇センチもあったという。能は大名にとって重要な芸能であり、五代将軍綱吉《つなよし》▲などは有力大名の屋敷にたびたび訪れて自身で仕舞《しまい》を演じたりしたため、各屋敷には必ず能舞台が設けられた。加賀宝生《ほうしょう》▲で知られるように前田家も歴代能を愛好し、江戸屋敷の御殿には舞台が二カ所に配置される時期もあった。

赤門の近くの総合研究棟地点では、溶姫御守殿の台所付近にあったと思われる地下室がみつかった(図8)。絵図や文献史料では「穴蔵《あなぐら》」と呼ばれる地下室は、食料の貯蔵や火災時の緊急保管庫などとして用いられ、町屋《まちや》などでは麴室《こうじむろ》▲などとしても利用された。江戸の遺跡では必ずといっていいほど発見される遺構で

▼**徳川綱吉**　一六四六〜一七〇九年。五代将軍。初め館林《たてばやし》藩主。

▼**加賀宝生**　能楽の流派の一つ。能を愛好した五代藩主前田綱紀《つなのり》が宝生流を取り入れ、藩士らにも武士の嗜《たしな》みとして奨励したところから国元加賀で栄えた。

▼**麴室**　酒や味噌・醤油などをつくるのに必要な麴を仕込むための地下室。

●図6　能舞台の遺構（医学部教育研究棟地点出土）

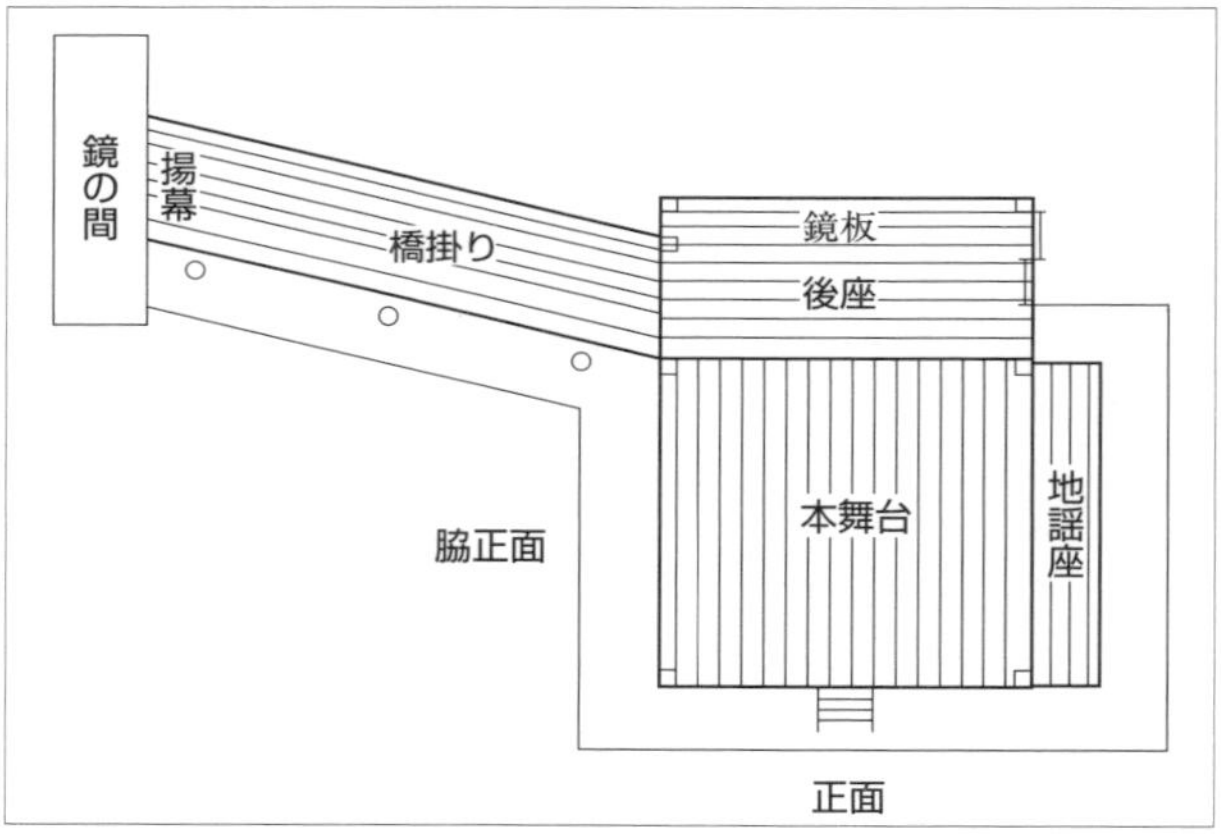

●図7　能舞台の平面構成

●図8　溶姫御守殿台所の地下室（総合研究棟地点出土）

ある。低地帯では防水のため板張りにするのが一般的で、それをつくる穴蔵大工は船大工の技術▲を応用していたとされているが、浸水の心配がない台地上では素掘りのままのものが多い。しかし溶姫御守殿の穴蔵は、間知石《けんちいし》▲を積み重ねた壁面をもち、出入りのための石段が設けられていた。床面は縦五メートル×横二・二メートルの広さであり、天井部が崩落していたため高さは不明であるが二〜三メートルあったと推測されている。おそらくは食料の貯蔵に利用されたものであるが、他の事例と比べると大型で非常にしっかりした造りであることが特徴である。溶姫を迎えるための御守殿（御住居）の建設は加賀藩の威信をかけて行われ、設計から完成まで幕府の大工頭《だいくがしら》などの指示を受けていた。この遺構からは、地下の穴蔵をつくるにも相当の手間がかけられていたことを知ることができる。

　御殿下《ごてんした》記念館地点からは、一八〇二（享和《きょうわ》二）年から二〇年余りのあいだ存在していた梅之御殿《うめのごてん》という隠居夫人の殿舎の遺構が発見された。調査地点は梅之御殿の北側半分にあたっており、発掘調査では殿舎の遺構がきれいな形で姿をあらわした（図9）。この殿舎の全体を描いた絵図が二枚現存しているが（図10は

▼船大工の技術　板材と板材のあいだに檜皮《ひわだ》や槙皮《まきはだ》を詰めるなど、浸水を防ぐため船大工によってつちかわれた技術。

▼間知石　石垣などを築くために加工された石材。表面にでる部分は一尺（三〇センチ余）程の正方形で、うしろが尖った四角錐の形となっている。

●——図 9　梅之御殿遺構全景（御殿下記念館地点）

その一点）、ほぼその建物配置どおりの位置に多数の礎石列が検出されたのである。屋敷絵図には設計段階の検討図などさまざまな性格のものがあり、必ずしも現実に存在した建物を正しく表現していないが、この梅之御殿の絵図は殿舎の完成形態に近い平面構成を描いたものであることが発掘調査によって明らかになった。

　絵図によれば梅之御殿の敷地は面積約三〇〇〇坪、殿舎の建坪も約一〇〇〇坪におよんでおり、隠居夫人のための住居としては他に類をみない規模である。これにはこの御殿の最初の主人である寿光院《じゅこういん》▲（勝姫《かつひめ》）が御三家《ごさんけ》紀州《きしゅう》徳川家の出身であったことが大きく関係している。将軍の娘ほどではないものの、御三家から輿入れした夫人は婚家で特別な待遇を受けた。寿光院は実家の紀州家から家臣や女中などを多数ともなってきたとみられ、この時期の屋敷絵図には「御《お》付《つき》長屋」が数棟描かれている。これらの人びとは紀州家家臣の身分のまま加賀藩屋敷に移り住み、夫人が死去すると元に戻るのであった。

　梅之御殿の発掘では、「梅殿／福印／膳所」「梅御殿／福印……」などと墨書《ぼくしょ》された陶《とう》製の捏鉢《こねばち》が出土した（図11）。「福印」は、身分の高い人物の名前を直接呼

▼**寿光院**　一七四五〜一八〇二年。加賀藩十代藩主前田重教《しげみち》の正室。父は紀州藩七代藩主徳川宗将《むねまさ》。重教の死後、落飾して寿光院と称した。

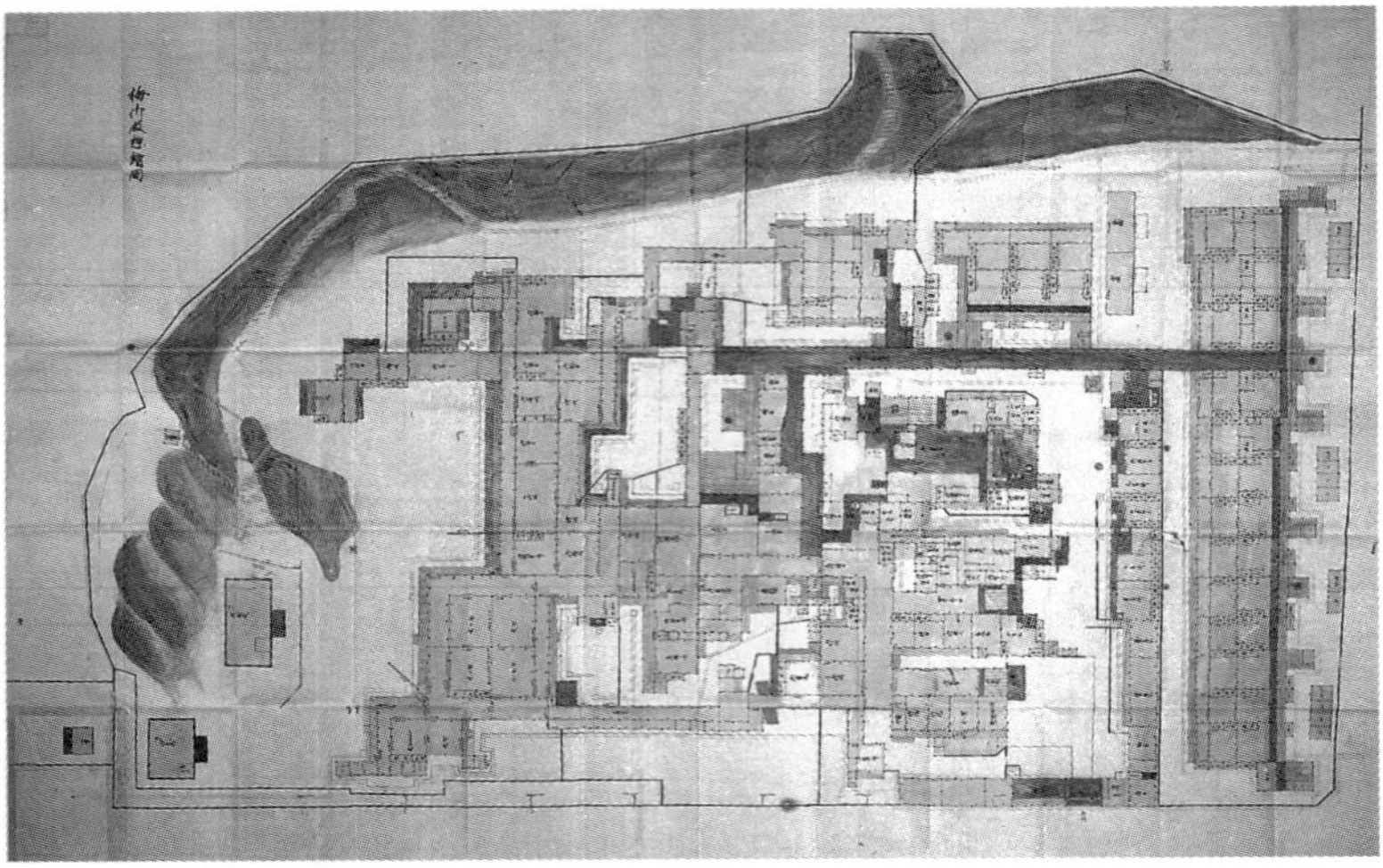

●──図10　「梅御殿惣御絵図」(加越能文庫)

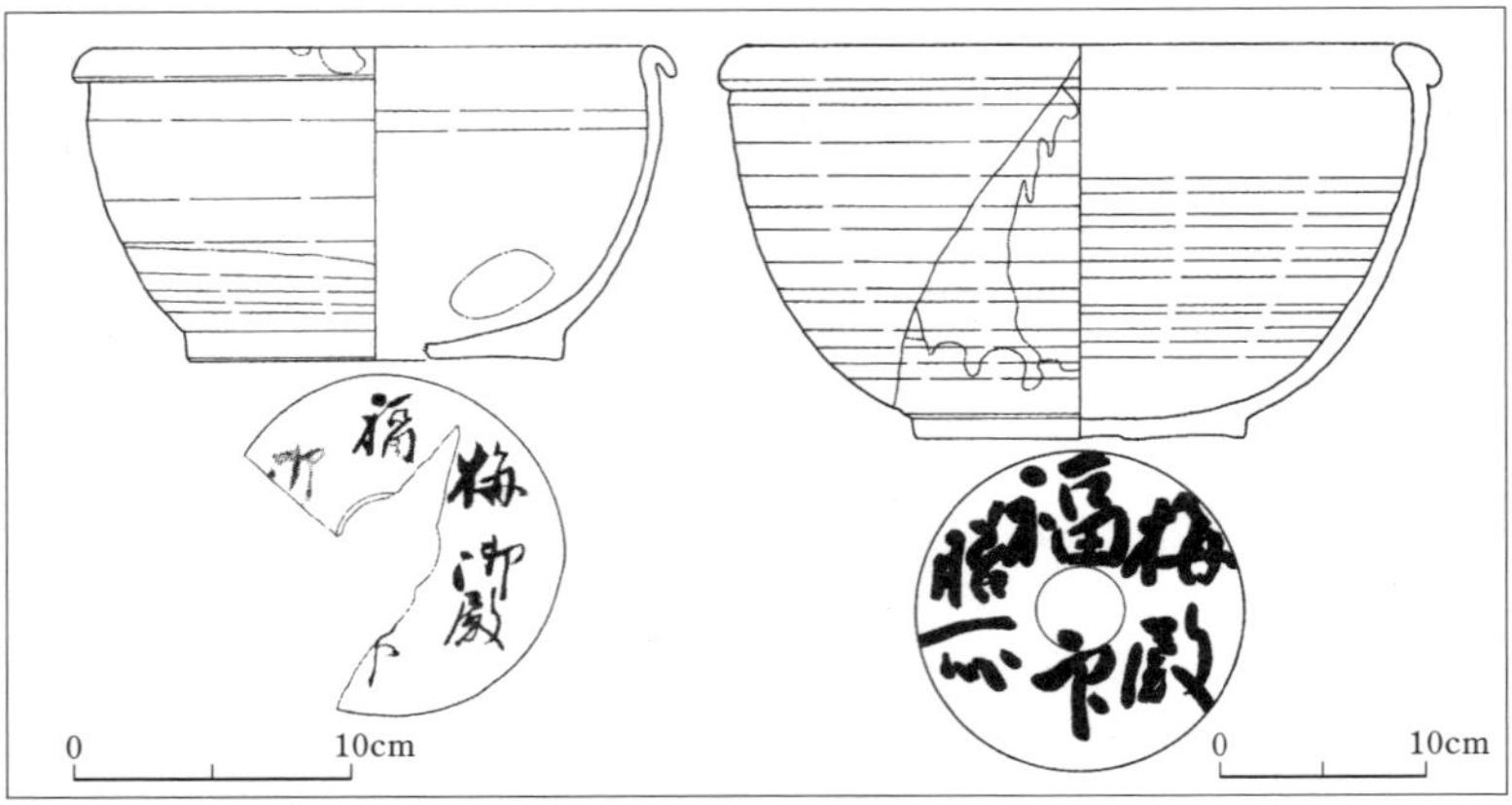

●──図11　梅之御殿の遺物(御殿下記念館地点出土)

ぶことをはばかってつけられた符牒《ふちょう》のようなもの（いわゆる「御印《おしるし》」）で、梅之御殿の主人である隠居夫人をさしている可能性が高い。

詰人空間の遺跡

詰人らの住居である長屋には、屋敷の外周に塀をかねて建てられた表長屋（外長屋）と内長屋がある。表長屋は外部の目に直接ふれる建物であり、各藩とも外観をととのえるため建築に力をそそいだ。たいていの場合二階建てで、外から屋敷内のようすをうかがうことはできず、長屋の屋根は本瓦《ほんがわら》で葺かれていた。

東大構内の遺跡では、本郷福利施設地点において表長屋の遺構が発掘された。これは東御門《ひがしごもん》と呼ばれる門の続きの表長屋であるが、ちょうどこの部分の長屋の間取りを描いた幕末期の絵図が残っている（図12・13）。一定クラス以上の家臣の長屋は狭いながらも表と奥に区分されており、前庭部分も二つに分けられていて、厠もそのそれぞれのなかに一カ所ずつ設けられている。発掘調査においてもこうした特徴を残す遺構がみつかった。床下には礎石《そせき》をおき、調査区内で瓦が多数検出されたことから、この表長屋が瓦葺きであったことが確認され

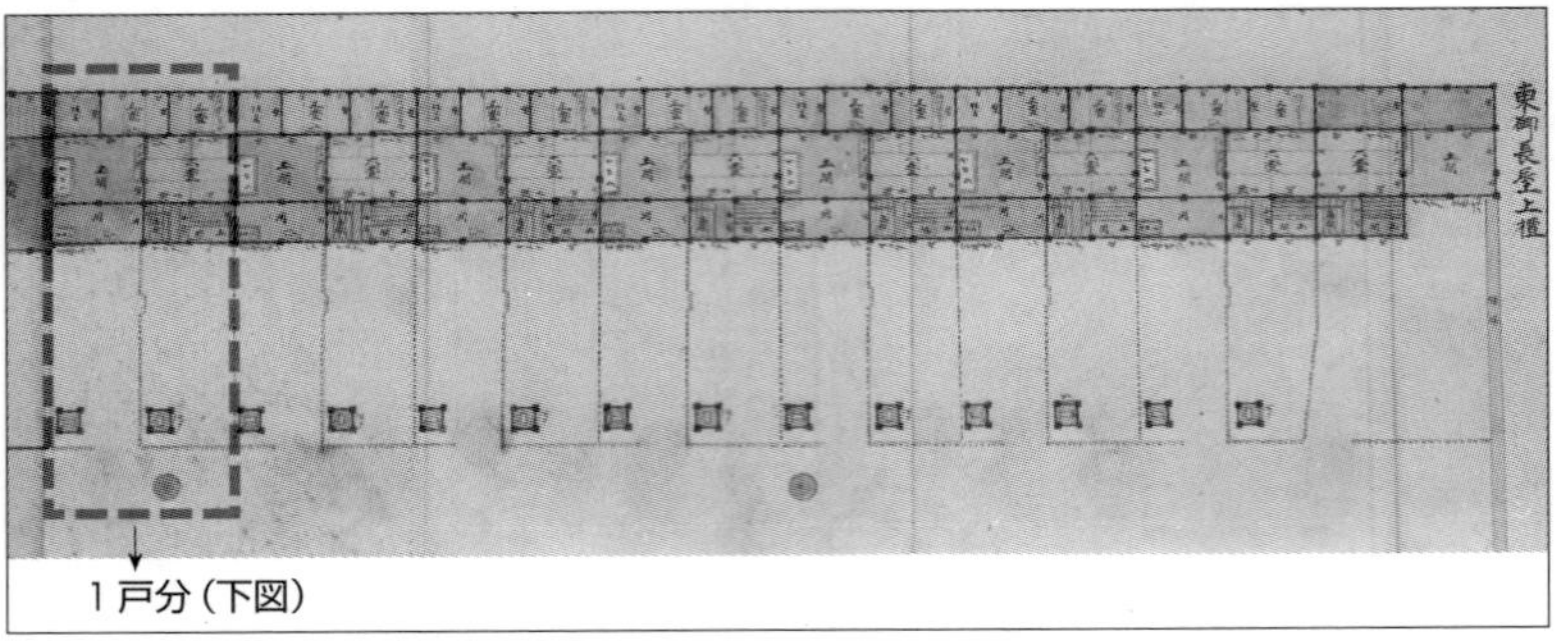

●──図12　東御門続きの表長屋(大鋸コレクション「加賀藩江戸屋敷絵図」より)

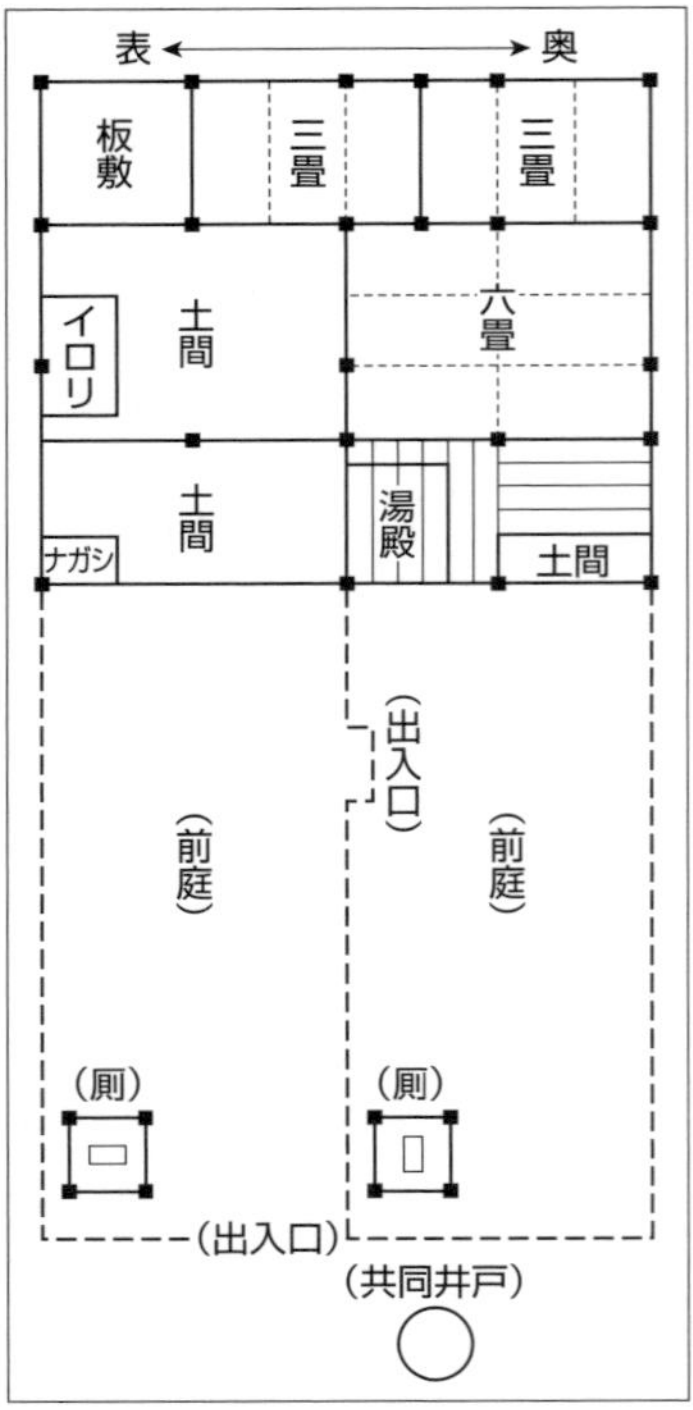

●──図13　表長屋の構造

た。

屋敷内部に建てられた内長屋は、外部の目を意識しなければならない表長屋と違って、板葺きのものが少なくなかったらしい。理学部七号館地点で発掘された長屋遺構は、絵図によると上級家臣の長屋跡であるにもかかわらず、礎石は残っておらず、瓦もほとんどみつからなかった。長屋の事例ではないが、新宿《しんじゅく》区市ヶ谷《いちがや》の尾張藩《おわりはん》上屋敷跡遺跡では、十八世紀前半まで主要な殿舎が礎石をすえずに掘立てで建てられていたことが確認されている。いずれも台地上の地盤のよい場所に建てられた建物であるが、これまでの建築史学の常識とは大きく異なる発見であるという。大名屋敷の建築の実態はこうした発掘成果をもとにして再検討されなければならないであろう。

詰人空間の発掘では、膨大な量の廃棄物が出土するのが常である。火災のあとに一括廃棄された遺物は御殿空間でもみられるが、平常時に屋敷内ででたゴミをすてるのは詰人空間のはずれの場所であった。図14はそうした遺物の一部である。大名屋敷の跡地では図のような酒徳利《さかどっくり》がおびただしい数でてくることが多い。これは酒屋の通い徳利で、高田《たかた》徳利とも通称貧乏《びんぼう》徳利▲とも呼ばれてい

▼高田徳利・貧乏徳利　現在の岐阜県多治見《たじみ》市高田町などで大量生産され、江戸などに供給された徳利。江戸では貧乏徳利とも呼ばれていたが、そのいわれは江戸時代末にすでに不明となっていた。形が貧弱であるからという説、下層民まで使用したからという説などがある。

●──図14　高田徳利　　上図は御殿下記念館地点，下図２点は工学部１号館地点出土。下図には「高サキ」（高崎屋）の釘書きがみえる。

る。酒屋の屋号や記号を釘《くぎ》書きしているものがよくみられ、東大構内の遺跡では現在も農学部前にある老舗高崎屋▲の名前をきざんだ徳利が多数みつかっている。この徳利の釘書きは、大名屋敷に暮す人びとと周辺町屋との関係を知るうえで貴重な史料となっている。

▼**高崎屋**　一七五一(宝暦《ほうれき》元)年創業の造り酒屋。江戸時代には両替商もかねて繁盛した。

③——将軍御成と寛永期の加賀藩本郷邸

江戸前期大名屋敷の遺構・遺物

文献・絵図史料から描きだせる大名《だいみょう》江戸屋敷の空間構造は、おもに江戸中期以降のものである。江戸前期(十七世紀段階)は残存する絵図が乏しく、文献史料も信頼できる一次史料は江戸中期以降に比べて格段に少ない。そもそも江戸時代は、二百数十年という時間の経過のなかで、作成される文書《もんじょ》や絵図が急激に増加した時代であった。江戸前期は中・後期に比べると実際に作成された文献・絵図そのものの総量が少なく、また、その後の時間の経過によって散佚が進んだため、文献・絵図によって大名屋敷の具体的な空間構造を描きだすのが困難になっているのである。ところが東京都心部の発掘調査では、より下層の相対的に攪乱を受けにくい層から近世前期の遺構・遺物が少なからず発見された。量的にみれば遺構や遺物も江戸前期よりも中期以降のものが圧倒的に多いのであるが、それらの資料は文献・絵図史料だけでは不明な部分が多かった江戸前期の大名屋敷の状況を具体的に知らせる格好の素材となった。

江戸前期の墨書遺物

江戸前期のものと容易に判断される遺物に墨書《ぼくしょ》木製品がある。古代遺跡などでは木簡《もっかん》と呼ばれる遺物であり、なかには年紀がはいっているものもあり、書き込まれている人名などによって年代を絞り込むことができるものもある。木製品は低湿地遺跡の場合、良好な状態で残存している事例がしばしばみられ、それに対して乾燥した台地上の遺跡では朽損《きゅうそん》・消滅してしまっていることが多いが、台地上でも池の跡など比較的湿潤な状態にあった遺構では出土することがある。以下、二つの遺跡の遺物から具体的な事例を紹介しよう。

丸の内三丁目遺跡

丸《まる》の内《うち》三丁目遺跡(千代田区《ちよだ》)は、旧東京都庁跡地で現在は国際フォーラムなどの敷地となっている。調査地点は江戸城直近の大名小路《こうじ》と呼ばれる地区にあり、江戸時代初期には豊後《ぶんご》佐伯藩《さいきはん》▲毛利家《もうりけ》など大名・旗本《はたもと》数家の屋敷地、一六九八(元禄《げんろく》十一)年以降は土佐《とさ》藩▲山内家《やまうち》と徳島藩▲蜂須賀家《はちすか》の両上屋敷《かみやしき》となっていた。地形的には、もともと日比谷入江《ひびやいりえ》と呼ばれる江戸湾の入江にあたり、江戸初期の埋立造成によって大名・旗本屋敷が配置された場所である。元来低湿地

▼**佐伯藩**　豊後海部郡《あまべ》におかれた二万石《ごく》の外様藩。

▼**土佐藩**　土佐一国二〇万石余を領した外様藩。

▼**徳島藩**　阿波国《あわのくに》の大半と淡路《あわじ》国あわせて二五万石を領した外様藩。

帯であったため、地下に残った遺構・遺物は湿潤な環境が保たれ、その結果、木製の遺物が多数残存したが、そのなかに墨などで文字が記されたものが一八七点含まれていた。図15がそのうちの一点である。木札の表面には「毛利市三郎《いちさぶろう》様江戸屋敷内／益田高之進様　□助様」、裏面には「寛永《かんえい》拾六年六月廿九日／江戸大出ヨリ延□／湯川長右衛門／秋山□左衛門／但、壱俵ニ付□ヨリ五斗入」とあり、一六三九(寛永十六)年に佐伯藩三代藩主毛利高直《たかなお》(市三郎)の江戸屋敷に送られた俵荷物につけられていた木札であることがわかる。

有楽町二丁目遺跡

有楽町《ゆうらくちょう》二丁目遺跡(千代田区)は、有楽町駅前の再開発事業(有楽町イトシア)にともなって発掘された遺跡である。調査地点は、十七世紀段階は大名堀《ほり》家▲の上屋敷、十八〜十九世紀には南町奉行所《みなみまちぶぎょうしょ》▲があった場所で、ここでも荷札などの墨書木製品が多数出土した。

図16の木札の上段には「大岡越前守《おおおかえちぜんのかみ》様御屋敷ニ而／市川儀平太《ぎへいた》様／山本左右《そう》太《た》様／小林勘蔵《かんぞう》様」という宛先が書かれており、これらはいずれも南町奉行大岡忠相《ただすけ》の用人であったことが一七二一(享保《きょうほう》六)年の武鑑《ぶかん》などによって確認され

▼**堀家**　堀親良《ちかよし》を初代とする外様大名(のち譜代に列せられる)。一六七二(寛文《かんぶん》十二)年、下総烏山《しもうさからすやま》藩から信濃飯田《しなのいいだ》藩に転じた。

▼**南町奉行所**　江戸町方《まちかた》の行政・司法を管轄する町奉行は旗本二人の月番《つきばん》交代制で、それぞれの奉行所の位置から南町奉行所・北《きた》町《まち》奉行所と呼ばれた。

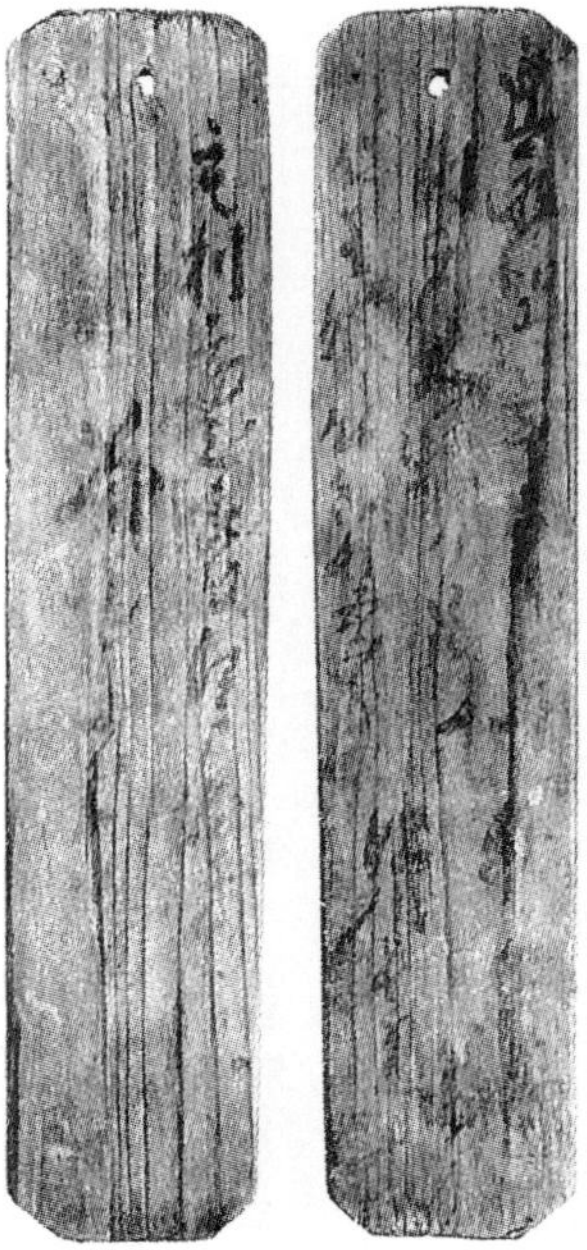

図15　丸の内三丁目遺跡出土の墨書木札

図16　有楽町二丁目遺跡出土の墨書木札

た。下段の差出人は「檜垣《ひがき》六神主／福井土佐／久志本《くしもと》権之亮《ごんのすけ》」と読め、これらはいずれも伊勢《いせ》神宮(外宮《げくう》)の神主であった。荷物の内容は不明であるが、おそらくは贈答品であろう。大岡忠相は江戸町奉行に任ぜられる以前の一七一二(正《しょう》徳《とく》二)年から伊勢山田奉行▲をつとめているので、あるいはそのときにできた両者の関係が持続されていたのではなかろうか。

将軍家光・大御所秀忠の本郷邸御成

本郷《ほんごう》台地上に位置する東大本郷構内遺跡は、木製品が残存するには適さない条件下にある。しかしながらさきほど述べたように、池の跡など湿潤な状態にあった遺構では大量の木製品遺物が出土した事例がある。

一九八四(昭和五十九)年以降、構内四地点で大規模な発掘調査が並行的に進められたなかの一つである附属病院中央診療棟地点では、不整形で南北方向最大長九・〇メートル、東西方向同七・三メートルの池状遺構から、おびただしい量の箸《はし》・折敷《おしき》(白木の膳《ぜん》)・かわらけが検出された。箸はおれて細片になってしまったものを含めて約三〇〇〇本、折敷は一尺二寸四方の大型品から三寸半

▼**山田奉行**　江戸幕府の遠国《おんごく》奉行の一つ。伊勢国山田におかれ、伊勢神宮の警衛や伊勢・志摩《しま》両国の訴訟取扱い、鳥羽《とば》港の警備などにあたった。

四方という小型品まで、計測できたものはあわせて一七五膳、かわらけは口径三寸半から五寸までのものを中心にして六三四個体が確認された（一尺＝約三〇センチ、一寸＝約三センチ）。

そしてこれらの遺物にまじって、墨書のみられる木簡状遺物も数点発見された（図17）。墨書は状態が悪く、判読不能の部分が多かったが、うち二点から「寛永六年三月十九日」「寛永六年三……」という日付が読みとれた。また、「雁九ツ入」「ます（鱒）十五入」という荷物の名称・数量や、「高岡」「□（富カ）山」といった前田領国《りょうごく》内の地名とみられる文字も書き込まれていた。

そこで一六二九（寛永六）年という年に加賀《かが》藩江戸藩邸でなにがあったかを文献史料で確かめてみると、同年四月二十六日に将軍徳川家光《とくがわいえみつ》が、ついで同二十九日に大御所秀忠《おおごしょひでただ》があいついで本郷邸を訪れている。将軍（大御所）の大名屋敷訪問＝「御成《おなり》」は、江戸初期三代家光のころまでは将軍一門や外様《とざま》大大名に対してたびたび行われ、五代綱吉《つなよし》も親密な関係にあった側近や一門《いちもん》・譜代《ふだい》大名の屋敷を頻繁に訪れた。そうした将軍御成は、側近の諸士だけでなく幕閣らをも従えて、時には総勢五〇〇〇人にもおよぶ規模で行われる大規模なイベントであ

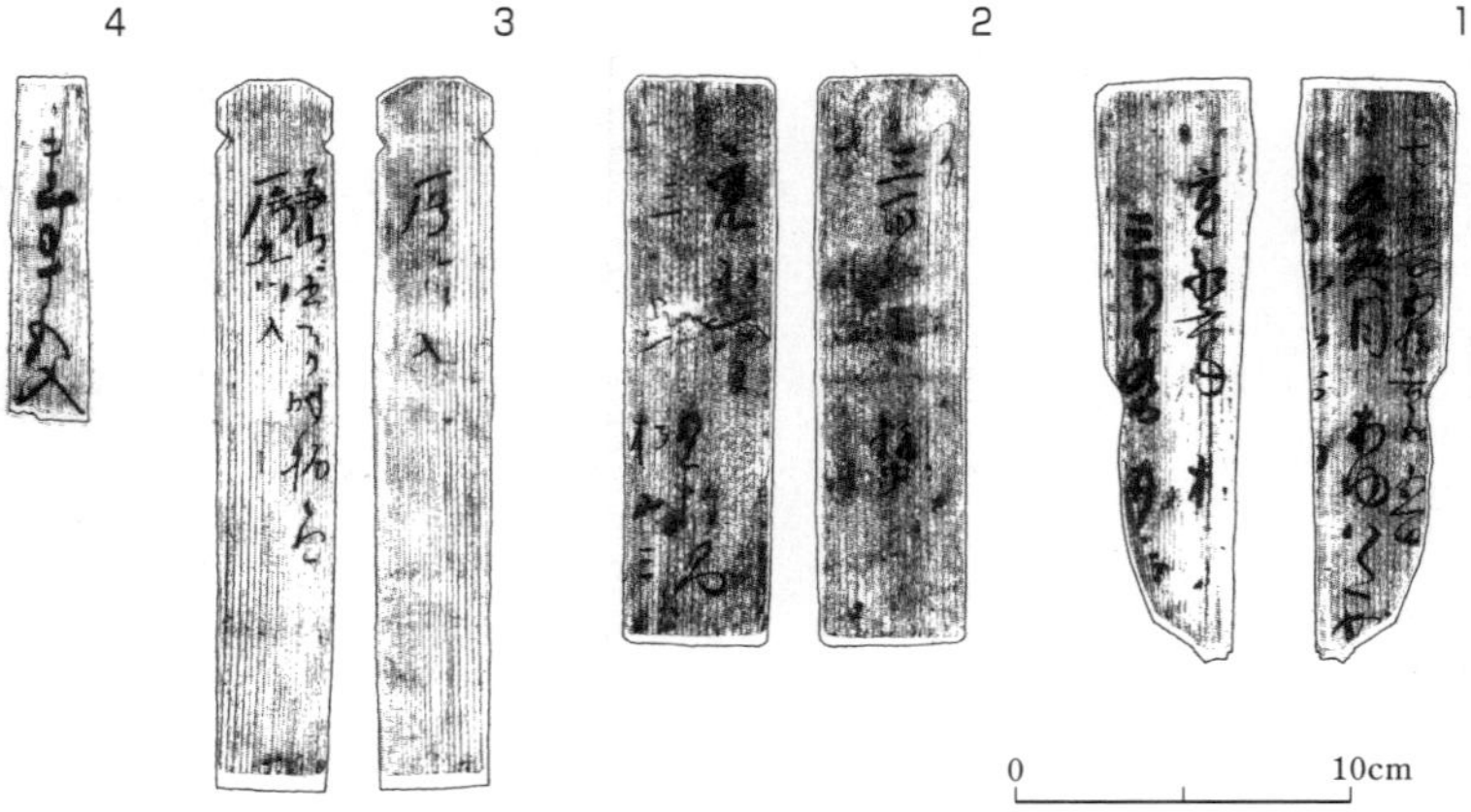

1
(表)「七千六百五拾弐ノ内五百
九貫目　　　あゆハた□
□」
(裏)「寛永六年
三月十九日　井□
□」

2
(表)「□
三百□　拾弐□
此□」
(裏)「寛永六年
三□　井□□左衛門
□」

3
(表)「雁九ツ入」
(裏)「□〔富カ〕山ニ有之□〔御カ〕時□〔柄カ〕之□
雁九ツ入」

4
「ます十五入」

●──図17　附属病院中央診療棟地点出土の墨書木札

り、迎える側の大名は御成御殿を新築し、庭園を整備し、将軍を饗する故実《こじつ》に則った「式正《しきしょう》」の料理のほか、多数の随行者の食事を用意するため、江戸とその近郊はもちろん、上方《かみがた》や領国などから大量の物資を取りよせた。池状遺構から出土した木簡は、日付や物資名・地名などからみて、家光・秀忠を本郷邸に迎えるため、国元《くにもと》から取りよせた多量の物資の一部につけられた荷札であったと考えることができる。多数のかわらけ、折敷・箸もまた、御成当日の饗応にともなう食器・用具がまとめて廃棄されたものとみてまちがいない。

一六一七(元和三)年の龍之口邸御成

元和《げんな》・寛永期(一六一五〜四四)に秀忠・家光によってたびたび行われた将軍御成は、とくに外様大名の屋敷への御成の場合、徳川将軍に対する臣従《しんじゅう》関係を確認・強化させるための意味合いが濃かったと指摘されている。家光のあと、一一歳で将軍職を継いだ四代家綱《いえつな》の時期には大名屋敷への御成はほとんど行われなかったが、その次の五代綱吉は、元禄期(一六八八〜一七〇四)にふたたび大がかりな御成を繰り返した。ただしその対象は秀忠・家光期とは異なり、柳沢《やなぎさわ》吉保《よしやす》▲など側近の寵臣《ちょうしん》の屋敷が主となっていた。

秀忠・家光の元和・寛永期、綱吉の元禄期とも、室町《むろまち》将軍の武家《ぶけ》故実に則って行われる式正の御成の場合、それを迎える大名側は豪華な御成御殿を建築する事例が多くみられる。御成当日の行事は秀忠・家光期と綱吉期ではようすが異なり、前者は茶事が取り入れられ、後者は綱吉自身による演能《えんのう》や論語《ろんご》などの講釈が行われるのが特徴であったが、江戸周辺はもちろん、国元やその他各地から選りすぐりの食材などを大量に集めて当日の饗応にあたったのはどちらにも共通している。

前田《まえだ》家への将軍御成の最初は、一六一七年五月十三日のことであった。このときは将軍秀忠が前田利光《としみつ》▲の上屋敷である龍之口《たつのくち》邸に臨んでいる。『天寛日《てんかん》記』▲によると、当日の式次第は次のとおりであった。

・秀忠、龍之口邸の路次《ろじ》口より数寄屋《すきや》にはいる。数寄屋にて膳部《ぜんぶ》。相伴《しょうばん》日野《ひの》唯心《ゆいしん》・藤堂高虎《とうどうたかとら》。
・御成書院《しょいん》に移り、式三献《しきさんこん》の盃事《はいじ》、祝膳《しゅくぜん》。
・広間にて利光および前田家重臣《じゅうしん》らより太刀《たち》・馬などの進物披露。

▼**柳沢吉保**　徳川綱吉が館林《たてばやし》藩主であったころからの家臣で、綱吉が将軍となると側用人《そばようにん》として重用され、のち甲府藩主となり大《たい》老格《ろうかく》までのぼりつめた。

▼**前田利光**　一五九四〜一六五八年。加賀藩二代藩主。のち利常と改名。

▼**『天寛日記』**　江戸幕府右筆所《ゆうひつじょ》において奥右筆組頭《くみがしら》尾島定右衛《おじまじょうえ》門《もん》らが編纂した徳川氏創業記。全八八巻。

・ついで観能、途中で御成書院に戻り七五三の膳。重ねて太刀・脇差《わきざし》の進物、披露酒井忠世《さかいただよ》、盃事の銚子役板倉重宗《いたくらしげむね》、加役永井尚政《くわえやくながいなおまさ》、通役青山幸成《かよいあおやまゆきしげ》・菅《すが》沼吉官《ぬまよしすけ》・酒井忠正《ただまさ》・鳥居忠頼《とりいただより》。

・広間に戻り、ふたたび観能。終って秀忠より役者などに小袖《こそで》・鳥目《ちょうもく》などを下賜。

・七つ時ごろ能が終り、路次口より帰城。

『天寛日記』の別の箇所には、秀忠より利光に対して太刀・脇差、袷《あわせ》・単物《ひとえもの》・小袖各一〇〇枚、白銀三〇〇〇枚ほかが下賜されたと記されている。このときの御成で秀忠は、御成門ではなく「路次口」(庭園の出入口)をとおったとされており、その意味ではやや略式である。元和・寛永期の他大名の事例をみると、一六一九(元和五)年の伊達《だて》家、二三(同九)年の尾張《おわり》徳川家、三〇(寛永七)年の島《しま》津《づ》家などは、豪壮華麗な御成御殿(または御成書院)を新築し、のちのちまで人びとの注目を集めるような御成門をつくっている。

一六二九(寛永六)年の本郷邸御成

一六二九年の将軍家光・大御所秀忠の前田家本郷邸への御成は、一七(元和三)年の龍之口邸御成のときよりもさらに記録が少ない。徳川幕府の正史《せいし》である『徳川実紀《じっき》』▲や『東武実録《とうぶじつろく》』▲によると、まず同年四月二十六日、将軍家光が本郷邸(史料中には「加賀中納言利常《ちゅうなごんとしつね》卿が上野《うえの》の別墅《べっしょ》」)を訪れている。当日の詳しい式次第は不明であるが、能・狂言《きょうげん》が演じられたのち、役者たちに金品が下賜されている。将軍を迎える諸道具の書上《かきあげ》には、「数寄屋」、「書院」(御成書院)、「大広間」、「白《しろ》書院」などの部屋名がみえ、俊成《しゅんぜい》・定家《ていか》・西行三筆《さいぎょうさんぴつ》の『古今集《こきんしゅう》』や前田家秘蔵の茶道具などが用意されたことがわかる。将軍と前田家のあいだでやりとりされた献上品・下賜品の記録には、当主利常のほかに、その三日前に元服《げんぷく》して家光から偏諱《へんき》(実名の一字)をあたえられた利常の嫡子光高《みつたか》をはじめ、利次《としつぐ》(のち分家を許されて富山藩主)・万姫《まんひめ》・富姫《とみひめ》、津山《つやま》藩主森忠政《もりただまさ》の嫡男忠広《ただひろ》に嫁した亀鶴姫《かめつるひめ》ら利常の子女らの名前もみえる。また、本多安房守《ほんだあわのかみ》をはじめ一二人の重臣も家光に拝謁《はいえつ》したことが記されている。この日将軍に同行した相伴衆《しょうばんしゅう》は、家光の弟駿河大納言忠長《するがだいなごんただなが》、安濃津《あのつ》藩主藤堂高虎、前柳川《やながわ》藩主立花宗茂《たちばなむねしげ》らであっ

▼**『徳川実紀』** 江戸幕府が編纂した歴史書。徳川家康《いえやす》から十代将軍徳川家治《いえはる》までの治績を編年体で記録する。全五一七巻。

▼**『東武実録』** 二代将軍徳川秀忠の事績録。旗本松平忠冬《まつだいらただふゆ》の編。全四〇巻。

た。
その三日後の二十九日、大御所秀忠が本郷邸を訪れた。相伴衆は水戸《みと》頼房《よりふさ》、それに家光御成のときと同じ藤堂高虎・立花宗茂である。家光の御成に比べて記録がやや詳しく、それによると秀忠は本郷邸に到着後、すぐに茶室にとおされ、利常が膳部を献じた。例のごとく茶事が行われ、ついで高楼にのぼり三筆の『古今集』をみる。その後記載は欠けているが、おそらくは広間に移って観能。途中、利常もみずから「花月《かげつ》」を演じた。その間饗宴、盃の応酬のときに進献の披露。家光御成の記録にはなぜか名前がみえなかった利常の三男利治《としはる》(のち大《だい》聖寺《しょうじ》藩主)も拝謁して、盃と刀をあたえられている。

一連の御成行事は二十六・二十九日の両日だけでは終らない。その後も数日にわたり、御成がとどこおりなくすんだことを祝う饗宴が諸大名を招いて続けられて、家中《かちゅう》にも祝儀の振舞いがあたえられたという。殿舎《でんしゃ》などの作事、庭園の整備、準備のために国元から動員された藩士《はんし》・領民を収容するための宿舎の建築などもさることながら、これらの行事に要した物資は相当な数量におよんだことであろう。『三壺記《みつぼき》』▲は簡略な記事ながらその経過を、「その御用意

▼『三壺記』　『三壺聞書《ききがき》』とも。加賀藩宰領足軽《さいりょうあしがる》山田四郎左衛門《しろうざえもん》が宝永《ほうえい》年間(一七〇四〜一一)に編纂した聞書集。前田利家《としいえ》から利常までの逸話が中心となっている。のちの時期の著作であるが、他書にはみられない逸話が多数おさめられている。

品々は、御分国《ごぶんこく》(注―前田家の領国)は申すに及ばず、京・長崎・出羽《でわ》・奥州《おうしゅう》まで御調え物ども遣わされ相調えければ……」と記している。前述した池状遺構からみつかった「寛永六年」「雁」などの墨書木札は、それら大がかりな物資調達の一環として江戸に送られた荷物につけられた札であったとみてまちがいないであろう。

家光・秀忠による一連の本郷邸御成は、前田家にとって藩をあげての一大事業であった。一六一六～一七(元和二～三)年のころに拝領し、その後とくに整備が行われていなかった本郷邸は、この御成に向けて殿舎造営や庭園整備などが急速に進められたものとみられる。

『三壺記』には、藩士小幡宮内《おばたくない》が惣《そう》奉行に任ぜられて御成書院の造営を指揮したと記されている。また所伝では、現在も東京大学キャンパス内に残る心字池《しんじいけ》(現・三四郎池《さんしろういけ》)はこのときに拡大整備され、浚渫《しゅんせつ》残土がその西側崖上に積み上げられて栄螺山《さざえやま》と呼ばれる築山《つきやま》となったとされている。のちの時期の屋敷絵図によると、この築山には螺旋《らせん》状の登り道がつけられており、それによって栄螺山と名付けられたものと思われる。国元金沢の兼六園《けんろくえん》にも栄螺山があるが、これも庭園内の池を浚《さら》った土を盛り上げて造成したものである。本郷邸の栄螺山は明治後期まで東京帝国大学構内に残存した。一八八三(明治十六)年の陸軍参謀本部東京実測図によると頂上の標高は三九メートル、麓からの比高差は一五メートルほどもあった。障害物のない明治期には頂上から海が望めたといい、またあるお雇い外国人教師▲は毎日この山にのぼり、一年のうちで富士山がみえる日数を数えたという。

『江戸図屏風』の本郷邸

寛永御成との関連で、みておきたい史料があと二つある。一つは、寛永十年代の江戸の繁栄を描いたとされる『江戸図屏風《びょうぶ》』における加賀藩本郷邸の描写である(図18)。屋敷の左下部分に描かれている門と殿舎についてはのちにふれることにして、ここでは奥の庭園部分についてみておきたい。図には庭園の築山のなかに心字池とみられる池が描かれ、その周囲に茶室らしき建物が二つみえる。このうち右側の一つが御成の記録にあった高楼付きの茶室ではなかろうか。『江戸図屏風』は家光の事績にかかわる場面や建物を随所に描き込んだ屏風

▼**お雇い外国人教師**　明治初期、西欧の学問・文化を導入するため政府の依頼で来日した教師。東京帝国大学などで教鞭をとった。

●──図18　本郷邸の庭園と茶室(『江戸図屏風』より)

●──図19　山上会館地点の石垣刻印(実測図)

であり、また、この屛風の建築描写は比較的正確であると評価されている。であるならば、加賀藩本郷邸には家光らの御成に関係した建物が必ず描かれていると考えるべきであろう。

もう一つは、心字池の東畔にあたる山上《さんじょう》会館地点の遺跡で発見された建物基礎石垣の刻印である。東西方向約六メートルにわたる石垣遺構は、のちの時期に上部数段が撤去されており、残存していたのは三段分、高さにして約一メートルたらずであったが、その一部に図19・20のような刻印が確認された。こうした刻印は、江戸城をはじめ、各地の城の石垣にも残されており、加賀藩の国元金沢城の石垣にも多数きざまれている(図21)。これまでの研究では、石垣普請《ふしん》を担当した大名や家臣《かしん》たちが、おもに石切場において目印としてきざませたものであるとされている。心字池畔の石垣はその残存状況からみて江戸時代前期のものと推定されているが、共伴遺物が乏しいため年代は特定されていなかった。

ところが最近、石川県教育委員会(石川県金沢城調査研究所)による金沢城の総合調査が進展しつつあり、そのなかで石垣刻印の年代が比定できる可能性が生

●——図20　山上会館地点の石垣刻印

●——図21　金沢城の石垣刻印　　極楽橋下付近の石垣。

じてきた。北野博司氏の研究によると、金沢城で過半の築石に刻印が認められるようになるのは元和期で、寛永期にはさらにふえ、その大きさも慶長《けいちょう》、元和、寛永と大型化していくが、万治《まんじ》期（一六五八〜六一）の普請の際に築かれた石垣にはそうした刻印がみられなくなるという。同氏はこの事実に基づいて、寛永期までは藩が重臣たちに石の調達から築造までの役を賦課しており、そのため担当した重臣らが自身の持ち場の区別を示す合印《あいじるし》▲として刻印を残したが、万治期の普請は、一六五八（万治元）年に行われた江戸城天主台石垣の大規模な手伝い普請▲をへて藩直属の普請組織が完成し、石材も一括調達されたため、そうした刻印がきざまれなかったのではないかと結論づけている（「士《さむらい》普請から定《じょう》普請体制へ」）。

これは興味深い指摘であり、この推定を援用するならば、心字池畔の石垣刻印も万治期より以前のものと考えられる。また、刻印が担当家臣の合印だとすると、この石垣は少なくとも数家の家臣たちへの役賦課により築造されたものということになる。これらの条件に合致する事例を探してみると、一六二九（寛永六）年将軍・大御所御成にともなう御成御殿造営時か、五〇（慶安《けいあん》三）年三

▼合印　目印のためにつけられた記号や絵文字。

▼手伝い普請　幕府が諸大名に課して行った土木事業。江戸城をはじめとする城普請や主要河川の治水事業などが手伝い普請として行われた。

月本郷邸全焼後、翌年にかけて行われた全面的な再建作事が該当する。現時点ではそのいずれとも断定することはできないが、刻印の種類の多様さ、すなわち関与した家臣の数の多さから考えると、寛永御成に備えてつくられた建物の一つである可能性が高いように思われる。

ところで、『江戸図屏風』のなかの高楼付きの茶室は家光らの御成のときに使われたものではないかと先に述べたが、その茶室は屏風では池の手前に描かれている。この屏風の本郷邸は東を手前、西を奥にして描かれていると思われるから、この建物配置が正確だとするならば、茶室は池の東側に建てられていたことになる。一方、山上会館地点もちょうど心字池の東側にあたっており、この位置関係と刻印の年代比定を考えあわせるならば、同地点で出土した石垣は御成のために建てられた高楼付きの茶室の基礎である可能性も十分にあるといえるであろう。

④―明暦の大火前後の本郷邸

一六三二(寛永九)年龍之口上屋敷の類焼

本郷邸《ほんごう》内の建物は、一六二九(寛永六《かんえい》)年の秀忠《ひでただ》・家光《いえみつ》の御成《おなり》を契機として徐々に整備されていった。本郷邸にはまた、御成のときに家光の面前で元服《げんぷく》した利常《としつね》の世子《せいし》光高《みつたか》が住み、のちに封を分与されて富山藩《とやまはん》・大聖寺《だいしょうじ》藩を興すことになる二人の弟(利次《としつぐ》・利治《としはる》)も邸内に住居をあたえられることになったが、利常自身も龍之口《たつのくち》の上屋敷《かみやしき》ではなく本郷邸内の殿舎《でんしゃ》で起居することが多くなっていた。利常の本郷邸居住は、江戸城直近にあって幕府の目が届きやすい龍之口邸の居心地の悪さをきらったためであったと思われる。

そのようななか、徳川秀忠が死去して家光の親政《しんせい》期にはいった一六三二年の暮れも押し詰まった十二月二十九日、江戸城和田倉《わだくら》門外の岡山藩上屋敷からでた火災によって周辺一帯の大名《だいみょう》屋敷や町屋が類焼し、加賀《かが》藩龍之口邸も全焼の被害を受けた。そのときのようすを記した『三壺記《みつぼき》』には、「神田《かんだ》の御屋形《おやかた》」すなわち本郷邸に住んでいた利常は、火災発生の知らせを聞くとただちに馬を馳せて龍之口邸に向かったと記されている。この史料によると、当時はまだ藩邸内にはいりきらない江戸詰め藩士《はんし》らが多くいたらしく、龍之口邸に駆けつけた利常の跡を「本郷・湯島《ゆしま》の町家にある 侍《さむらい》共」が「髪を草たばね」にしたり、「みだれ髪にはちまき」をしたりして、大あわてで追いかけたという。

江戸詰人《つめにん》のこうした町屋《まちや》居住は、当時の史料では「町宿《まちやど》」という言葉で表現されており、加賀藩だけでなく、たとえば秋田藩の家老《かろう》梅津《うめづ》政景《まさかげ》の日記などにもみえている（『大日本古記録　梅津政景日記』寛永七〈一六三〇〉年五月十九日条ほか）。

江戸に大名屋敷がおかれるようになってから三〇年以上たってもなお、こうした町屋居住が続いていたのは、第一には、藩主《はんしゅ》が居住する上屋敷が概して狭隘であったこと、第二には、のちの時期に比べて江戸詰人の数が多かったことがあげられる。前者に関しては、藩主の居所の近くに常駐しなければ詰人として役に立つことができないという意識が強かったように思われる。十七世紀前半のこのころは、藩主自身が他藩の屋敷に出向く機会もまだ多く、その供をする家臣《かしん》らは本来なら同じ屋敷内に住むのが便利であったが、江戸城直近の狭い地域に密集していた上屋敷は、たとえば一〇万石《ごく》クラスの大藩でも五〇〇〇坪から七〇〇〇坪の規模しかなく、しかもその敷地の大半が御成御殿《ごてん》を含む殿舎建築で占められていたため、藩士の長屋《ながや》をすべてその屋敷内に配置することはできなかったのである。

さきに述べたように、江戸時代後期の本郷邸には三〇〇〇人を超える人びとが居住していたと推定されるが、前期にはこれよりはるかに多くの人数が江戸居住をしていたのではないかと思われる。具体的な数は知ることができないが、たとえば一六九六(元禄《げんろく》九)年に前田綱紀《まえだつなのり》▲が江戸から帰国したときの供づれの総人数は六七六〇人であったという(『松雲院様《しょううんいんさま》御近習向留帳《ごきんじゅうむきとめちょう》抜萃《ばっすい》』上編十、金沢市立玉川図書館近世史料館所蔵加越能文庫)。これは帰国道中の人数であり、そのためだけに動員された者が多数含まれていたはずであるが、これよりのちの時期の参勤道中の人数は二〇〇〇人から二五〇〇人ほどであり、そこから判断すると、江戸時代前期の江戸詰人はかなりの数にのぼっていたとみるのが妥当である。

江戸時代中期以降、幕府は各藩に対して主として財政上の理由から江戸詰人数を削減するよう繰り返し指示しているが、それ以前の時期には非常に多くの

▼**前田綱紀**　一六四三〜一七二四年。加賀藩五代藩主。改作法《かいさくほう》(七八ページ参照)をはじめとする藩政改革を進める一方、学問を好んで木下順庵《きのしたじゅんあん》・室鳩巣《むろきゅうそう》などの学者を招き、古典の収集にもつとめた。

詰人が屋敷内外にひしめいていたのではないだろうか。後述するように、明暦《めいれき》の大火以前は郊外に広い下《しも》屋敷を設ける藩は少なく、多くの藩の江戸詰人は、江戸城近くの手狭な上屋敷や中《なか》屋敷の長屋に詰め込まれ、それでもあふれる場合は屋敷外の町屋を借りて住み、屋敷に通勤していたのである。

龍之口上屋敷の再建と「将軍への奉公」

さて、一六三二（寛永九）年の十二月二十九日に全焼の被害にあった龍之口上屋敷であるが、そのわずか三日後の翌三三（同十）年正月二日には早くも再建工事が始められた。これは水戸《みと》徳川頼房《よりふさ》▲の娘大姫《おおひめ》▲が将軍家光の養女となって光高のもとに入輿《じゅよ》することが決まっており、それを迎えるための殿舎を龍之口邸内に急ぎ造営しなければならなかったからである。徳川将軍家と前田家との婚姻は、関ヶ原《せきがはら》の戦いの翌年の一六〇一（慶長《けいちょう》六）年に徳川秀忠の娘珠姫《たまひめ》▲が前田利光に嫁いだ先例があるが、これは江戸からはるばる金沢城への輿入れであり、前田家が江戸屋敷に将軍の娘（養女）を迎えるのは大姫がはじめてのことであった。龍之口邸の新御殿の造営は、藩士古屋《ふるや》所《ところ》右衛門《えもん》と宮城《みやぎ》采女《うねめ》がその惣奉行《そうぶぎょう》

▼**徳川頼房**　一六〇三〜六一年。水戸藩初代藩主。徳川家康《いえやす》の十一男。

▼**大姫**　一六二七〜五六年。頼房の三女。

▼**珠姫**　一五九九〜一六二二年。秀忠の二女。

に任ぜられ、年が明けないうちから八丁堀《はっちょうぼり》や霊巌島《れいがんじま》辺りで材木の調達が進められた(以下『三壺記』ほか)。買いつけられた材木は毎日五〇輛・一〇〇輛の荷車で龍之口邸に運び込まれ、国元加賀のみならず上方《かみがた》など方々から呼び集められた大工・木挽《こびき》の職人や人足《にんそく》の数は日々三六〇〇〜三七〇〇人におよんだという。

「近代稀なる大作事《さくじ》」といわれたこの殿舎作事は、加賀藩前田家にとっては将軍への奉公《ほうこう》の表現でもあった。あるとき、家光が鷹狩の帰りにこの屋敷の近くをとおりかかることがあった。将軍御成の道筋であるから当然往来止めとなり、辺りが静まり返っているなかで、この屋敷だけは人びとの大声や鑿鎚《のみつち》の音が響いていた。家光に随行した役人がこれをとがめたが、加賀藩側は逆に、大姫を迎える殿舎作事を急ぐことこそが将軍家に対する奉公だと主張したという。

しかし前田家はこの前年の一六三一(寛永八)年、家臣の新規召抱えの多さなどから幕府に叛心ありと疑念をもたれ、利常・光高父子があわてて江戸に出府して弁明するという、いわゆる「寛永の危機」を経験したばかりである。そうした状況下にあって、いかに将軍養女を迎える殿舎造営のためとはいえ、将軍の

●―図22　加賀藩龍之口邸(『江戸図屏風』より)

通行をも憚らずに工事を続けるのは危険な行為というべきである。これは「将軍への奉公」に名を藉りた、最大の大名前田家の幕府に対する密かな抵抗の現れであったのではなかろうか。

大名屋敷の建築規制

龍之口邸の再建は、大姫を迎えるための殿舎だけでなく、本殿《ほんでん》や御成御殿、さらには詰人の長屋にいたるまで贅《ぜい》をきわめて行われた模様である。史料には、守殿や大台所の破風《はふ》の彫物を惣金《そうきん》に磨く(総金箔《きんぱく》貼りにする)ために江戸中の金箔を買いつくし、京・大坂へも人を遣わして買い集めた、これを扱う細工人も数百人借りだして、位牌屋まで呼び寄せた、周囲の表長屋の瓦まで金箔貼りに仕立てた、などなどと記されている。『江戸図屏風』にも、加賀藩龍之口邸の金色に輝く御成門や豪壮な櫓門《やぐらもん》、御成御殿とみられる檜皮葺《ひわだぶ》きの御殿が描かれている(図22)。

かつて建築史学の研究では、安土桃山《あづちももやま》以降の大名屋敷建築は豪華絢爛をきわめたものであり、それが江戸幕府によって規制されるのは一六五七(明暦三)年の江戸大火のあとであるとされてきた。ところが近年、金行信輔氏は十七世紀前半の文献史料を詳細に分析し、幕府の建築規制はそれよりはるか以前、一六三二(寛永九)年の家光親政とともに始まっていたことを明らかにした。たとえば、さきにふれた一六三二年暮れの火災ののち、類焼した上屋敷を再建しようとした熊本藩細川家《ほそかわけ》は、それまでのような櫓門や隅櫓《すみやぐら》▲の建築を禁止されているのである。

また、ちょうどこのころには、慶長期以来外様《とざま》・親藩《しんぱん》の大大名の屋敷に将軍やその世子が訪れる「御成」の行事が少なくなってきた。室町将軍の故実《こじつ》に則って行われる「式正《しきしょう》の御成」は、屋敷内に将軍を迎えるためだけの目的で御成御殿や御成書院《しょいん》をつくらなければならず、そのことが、この時期の大大名の江戸屋敷の平面構成を大きく規定していたのであるが、将軍御成の減少・停止はその面からも大名屋敷建築のあり方に変化をうながしたのである。金行氏によれば、御成御殿に代表される「儀式の営作」は、わざわざ取り壊されるほどの規制は受けなかったものの、それらの多くは明暦の大火を待たずに焼失し、再建時には幕府の建築規制を受けて姿を大きく変えてしまったのだという。

▼**隅櫓**　屋敷外周の四隅に設けられた櫓。

しかし、だとすると加賀藩龍之口邸の再建時には幕府は細川家と同じような規制をかけなかったのであろうか。『江戸図屛風』の景観年代は一六三三(寛永十)年前後とされており、そこに描かれた龍之口邸は三二年末に類焼し、その後再建された姿とみられるが、金色の御成門などに加えて櫓門形式の表門や隅櫓なども備えている。信頼できる一次史料が残っておらず、断定するのは困難であるが、おそらくは細川家の場合と事情がやや異なっていたのではないだろうか。それには将軍養女を正室《せいしつ》として迎えるための殿舎建築であったことが大きく関係しており、また最大の外様大名である前田家には細川家とまったく同じ姿勢で臨むことはできなかったのではないかと思われる。

金行氏が指摘したように、従来確たる根拠もなしに明暦の大火を幕府による建築規制のターニングポイントとみていたのはまちがいであったのだろう。しかしながら、その規制が一六三二年を境としてただちに徹底されたかどうかはなお具体的な検証が必要と思われる。加賀藩の事例にみられるように、一六三二年からしばらくのあいだは、それまでどおりに建築の絢《あや》を競おうとする藩側と規制を強めつつあった幕府とが対決する局面もあったのではなかろうか。

▼『微妙公御夜話』　『微妙公御《ご》直言《ちょくげん》』とも。前田利常に仕えた藤《ふじ》田安勝《たやすかつ》がその言行録《げんこうろく》を一七二〇（享保《きょうほう》五）年にまとめた著作。

年代は不明であるが、前田利常の逸話集である『微妙《みみょう》公《こう》御《お》夜話《よわ》』▲には、この時期の加賀藩屋敷の建築に関する事例がいくつか載せられている。それによると、利常は金沢城の石垣がくずれてもお構いなしで、江戸屋敷の建築も「ことのほか疎《おろそ》かなる体《てい》」であったとされている。金沢城の石垣のことはさておき、江戸屋敷に関してはけっして「疎か」であったとはいえないであろう。龍之口邸はさきにみた一六三三年の再建時の史料から明らかであり、下屋敷であった本郷邸も二九（寛永六）年の家光・秀忠の御成を機に急速に整備され、三九（同十六）年に利常が隠居して居所を移してからは、下屋敷とはいえ、相当規模の殿舎が新築されたものと推測される。東京大学構内の発掘でもこの時期のものと思われる大量の金箔瓦が出土しており（カバー裏写真参照）、豪華な殿舎が建てられていたことはまちがいない。

『微妙公御夜話』にはさらに続きがある。将軍家光が寛永寺《かんえいじ》に参詣したあるとき、上野の山から池越しに向かいの本郷辺りをながめていると、「城構えの様なる屋敷」が目についた。供の者にあれは誰の屋敷かと問うと、加州の屋敷、つまり加賀藩前田家の屋敷だという。家光はそれに対してなにもいわなかったが、その後そのやりとりが加賀藩側に伝わると、藩はただちに本郷邸の造作を改修させたという。「城構え」とはやはり大型の櫓門や隅櫓などをさすのであろうか。一六三九年の利常致仕《ちし》以降であれば、利常の殿舎だけでなく、富山・大聖寺に分知した次男利次・三男利治の殿舎も本郷邸につくられていたから、全体としては相当大規模な屋敷とみえたことであろう。

もっとも江戸城からやや離れた位置にあるとはいえ、最大の外様大名である前田家の屋敷がどのような構えになっているかを幕府側が知らなかったはずはない。家光自身もさきにみた一六二九年の御成ののち、三八(寛永十五)年五月と四〇(同十七)年三月にも本郷邸を訪問している。家光が本郷邸を「城構えの様なる屋敷」と呼び、またそれを伝え聞いた加賀藩側がすぐにそれを改修したというのは、そのこと自体の真偽はともかく、この当時の大名屋敷の建築が幕府と藩のあいだの緊張関係のなかに存在していたことを如実に物語る逸話と受け止めるべきである。

明暦の大火前の本郷邸

一六三三(寛永十)年十二月龍之口邸に輿入れした大姫は、そのときまだ七歳の幼女であったが、その後四三(同二十)年にいたり、将軍家にとっても前田家にとっても待望の嫡男を出産する。これがのちに水戸の徳川光圀《みつくに》▲や岡山の池田《いけだ》光政《みつまさ》▲らとともに江戸時代前期の名君《めいくん》と称せられるようになる前田綱紀である。ところが、その二年後の一六四五(正保《しょうほう》二)年四月、光高が三一歳の若さで急死してしまった。綱紀はわずか三歳で前田家を継いで五代加賀藩主となり、小松《こまつ》に隠居していた利常の補佐を受けることになった。

綱紀は一六六一(寛文《かんぶん》元)年にはじめて金沢に入部するまで龍之口邸に住んだが、利常は隠居前と同じく本郷邸を江戸における居所とし、国元《くにもと》とのあいだを時折往復した。そして利常が江戸に滞在していた一六五〇(慶安《けいあん》三)年三月二十九日、本郷邸は類焼する。そのときの状況を『三壺記』によってみてみよう。

慶安三年四月十九日(注—日付は誤り)の午《うま》の刻《こく》、天気よくして空風激しく吹きけるに、本郷五町目の加賀の御下屋敷へ行く道筋に、富士塚《ふじづか》とて小山有り。其際《そのきわ》に小家有て火を出し、その火の粉、長屋を打ち越し、御式台《おしきだい》の

▼徳川光圀　一六二八〜一七〇〇年。水戸藩二代藩主。徳川頼房の三男。水戸黄門《こうもん》の漫遊伝説で知られるが、藩主として寺社改革や勧農政策で業績をあげ、『大日本《だいにほん》史《し》』の編纂など文化事業にも力をそそいだ。

▼池田光政　一六〇九〜八二年。姫路《ひめじ》藩三代藩主、のち鳥取藩主、岡山藩主に転ずる。岡山藩主時代に新田開発をはじめ産業の振興につとめ、儒教《じゅきょう》の仁政《じんせい》理念に基づいて藩政の改革を推進した。

唐破風《からはふ》、獅子《しし》に牡丹《ぼたん》の彫物の内へ吹き付けたり。下よりは見えけれども、中々消すべきようはなし。天井の内に年々の微塵《みじん》三尺ばかりつもりて有ける。それに燃え付き、柿《こけら》屋根の裏を伝ひて、先づ天井より御書院・御居間・御台所へ焼け通る。その内に屛風・唐紙一面に火懸りて、一軒も残らず焼失して、御亭の御土蔵、御居間の御土蔵、呉服土蔵に火入りて、いんこ坂より下なる子小姓《こごしょう》長屋ども押通して、御作事小屋板角の御材木、それより中町・馬場両町、百人小屋、長柄《ながえ》の者の長屋まで七ツ時分に焼け済、御屋形の虹梁《こうりょう》共に、今を盛りと燃えければ、犬千代様(前田綱紀)の御土蔵二つの上に、火消衆人山をつみ重ねてふせがるる。……

この史料にみえる富士塚とは、加賀藩が本郷邸を拝領する以前からあった小山で、富士権現《ごんげん》▲がまつられていた。本郷邸の敷地内に囲い込まれたあともしばらくのあいだは周辺住民らが参詣に訪れるのを許していたが、のちにそれを駒《こま》込《ごめ》の地(現在の駒込富士神社)に移し、完全に屋敷内に取り込んだと伝えられる。その後も屋敷内では一定の祭祀行為が続けられたらしく、屋敷絵図には富士権現旧地や富士山などとして描き込まれている。史料によると、火事はこの富士

▼**富士権現**　富士山を神体《しんたい》としてまつる神社。

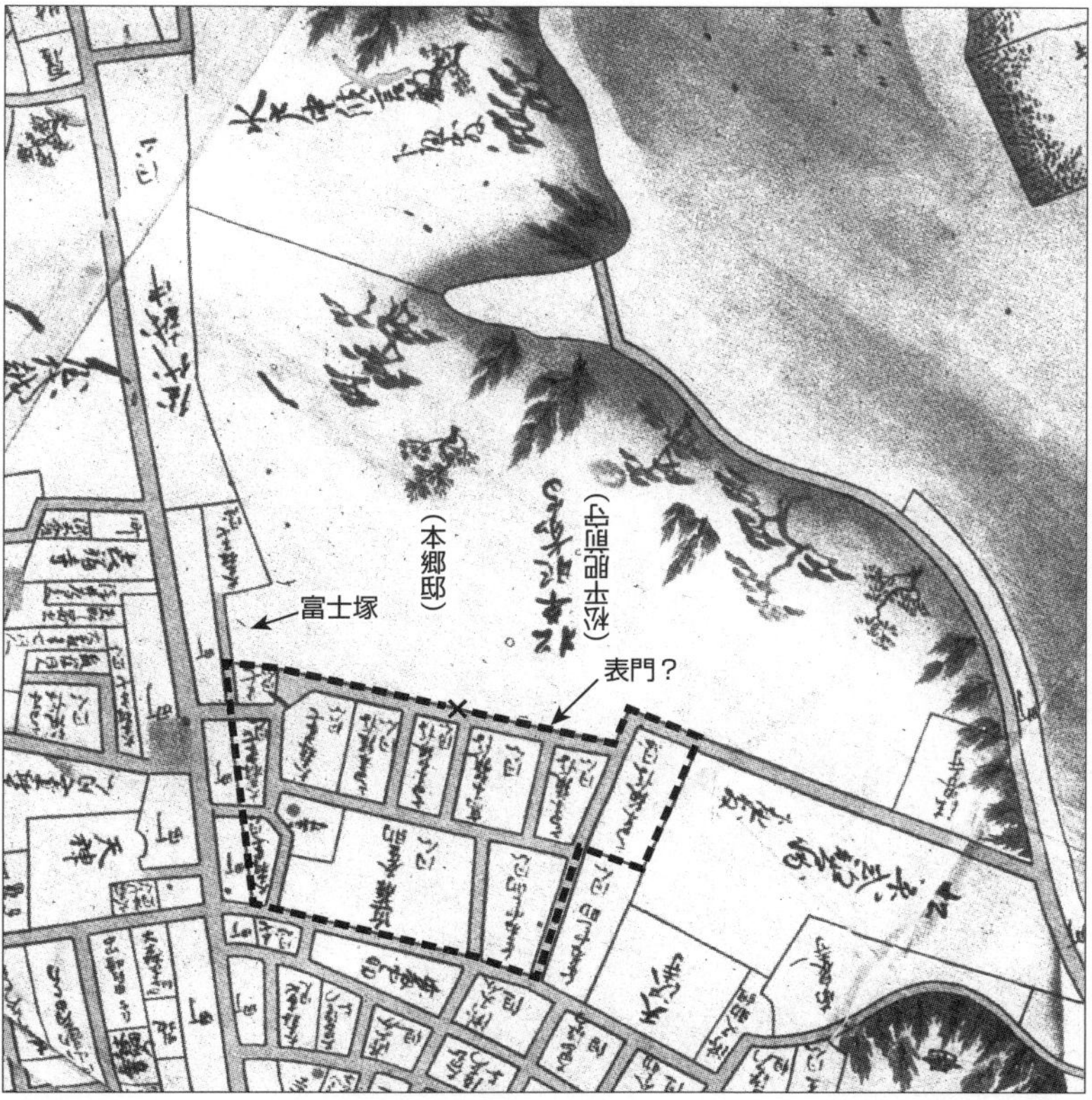

●──図23 「寛永江戸全図」の本郷邸　×印は東大構内遺跡医学部教育研究棟地点の推定位置。本文72ページ参照。

塚近くの小屋から出火した。そこから長屋を越えて式台の唐破風の彫物へ飛び火し、天井裏に三尺も積もり積もっていた埃《ほこり》に燃え移って、御書院・御居間・御台所をはじめ、詰人らの長屋や作事小屋の材木などにいたるまで焼きつくしたという。いんこ坂や中町・馬場町というのは、屋敷内の小地名である。

図23は、最近発見された寛永末年と推定される江戸図に、富士塚や屋敷の表門の位置を推定して書き込んだものである。後述するように、明暦の大火ののち、屋敷南側の幕府先手組同心《さきてぐみどうしん》屋敷二万坪（図中の破線で囲んだ範囲）が添地《そえち》として加賀藩にあたえられ、さきにみた江戸時代後期の絵図（扉写真、一二ページ図2）とほぼ近い屋敷地になっていくのであるが、この時点ではまだ拡張前である。したがって富士塚は屋敷の南西隅にあり、表門は江戸時代後期のように西向きではなく、南向きの位置に設けられていたものと思われる。式台や御書院・御居間を含む表御殿は、その表門をはいったところから北側に配置され、さらに後方の奥御殿の近くには育徳園《いくとくえん》が広がっていたのであろう。屋敷地東よりの部分はすでに富山藩・大聖寺藩に貸しあたえられていたのであるから、詰人空間はおもに屋敷北よりの一帯に配置されていたはずである。

明暦の大火

一六五〇(慶安三)年の類焼から七年後の五七(明暦三)年正月十八日、本郷邸にほど近い本妙寺《ほんみょうじ》▲を火元として火災が発生した。翌日には小石川《こいしかわ》・麴《こうじ》町からも火の手が上がり、さらに翌二十日まで二夜三日にわたって江戸中を焼きつくした。江戸三大火の筆頭にあげられる明暦の大火である。

本郷邸は火元には近かったが、風向きの関係でさほどの被害は受けなかった。『関屋政春古兵談《せきやまさはるこへいだん》』▲は出火当時のようすを次のように記している。

明暦三年正月十八日、江戸本郷御屋敷のうち大門《おおもん》東の方の長屋のうちに僑《きょう》居《きょ》の時、……八ツ時分に本郷八町目のうしろ丸山辺りに火事と云う。風ことの外強し。則ち大門の上に上りて見るに、火本本妙寺という法華寺《ほっけじ》なり。火先飛ぶ様に本郷一丁目の辺りへ出で、湯島へ焼け出ずる。是は〱という内に今枝民部《いまえだみんぶ》出でられ、この火は御上屋敷(注—龍之口邸)へは気遣いなし、この御屋敷へは風は良けれども、火本へ近く候間、非番衆は残らずいずれもこの屋敷に居られ尤《もっと》もとなり。

本妙寺は本郷邸の西、直線距離にして二〜三町(二〇〇〜三〇〇メートル)の位

▼**本妙寺**　徳川氏の部将《ぶしょう》久世《くぜ》家・大久保《おおくぼ》家によって遠江《とおとうみ》浜松《はままつ》に創建された日蓮宗《にちれんしゅう》寺院。一五九〇(天正《てんしょう》十八)年、徳川家康江戸入部の際、江戸に移転した。江戸城の城域拡張や火災のため所在が転々とし、明暦の大火のときは本郷丸山《まるやま》にあった。

▼**『関谷政春古兵談』**　前田利常から綱紀まで仕えた関谷政春(一六一五〜八五)が晩年に著わした回顧録。

置にあった。折柄の強い北風に煽られて、火元から南の本郷一丁目や湯島辺りにすぐに延焼していった。本郷邸は風下ではなかったが、火元がごく近いため、飛び火による火災の発生が懸念されたのである。事実、近接する本郷五丁目の町屋にもこのあと火の手がおよんでいる。

> さて、本郷は一町目より風上へ町並みそろ〳〵と焼け上がりては、風下へ火先向くに依って、金助町《きんすけちょう》天神（注―湯島天神）前の茶屋も焼くる。か様に風上へ火あがりて本郷六町目へ火移り候わば、御屋敷も風下になり申すべしとて、御家中《ごかちゅう》の衆、本郷五町目の町屋の家の上へあがり防げども、町人は一人もなし。何とも防ぎ難し。……さて、火は本郷五町目の御城道の切りにて留まる。御屋敷坤《ひつじさる》（注―南西）の角の塀に火付きて、大門の方へ三十間程焼くる。されども今枝民部・青山織部《あおやまおりべ》など眼前にて消し留むる。

本郷五丁目におよんだ火の手は加賀藩の家中の者たちの奔走でようやく消し止められたが、屋敷の南西隅の塀に火がついて、そこから大門のほうに三〇間《けん》（一間＝約一八二センチ）程焼けたという。

この日の火災は神田《かんだ》から海岸方面に向けて燃え広がったものの、江戸城大手《おおて》門《もん》前の龍之口邸は無事であった。ところが翌日小石川伝通院《でんづういん》下の新鷹匠町《しんたかじょうまち》からふたたび出火して江戸城内まで火の手がおよび、天守閣《てんしゅかく》が焼け落ちるという甚大な被害をもたらした。龍之口邸周辺の大名屋敷もことごとく焼失し、このとき一五歳になっていた藩主綱紀をはじめ龍之口邸の居住者はみな本郷邸に避難した。

この大火ののち、幕府は江戸全域を対象にした都市改造に取りかかった。大名屋敷についても、江戸城内吹上《ふきあげ》にあった御三家《ごさんけ》の上屋敷を外堀外に移転させたのをはじめ、大規模な配置替えを進めた。火災時の避難先として各大名の「望み次第」に下屋敷をあたえたのもこのときのことである。

加賀藩も焼失した龍之口上屋敷が上《あが》り地▲となり、筋違橋《すじかいばし》外(現・千代田《ちよだ》区外神《そとかん》田《だ》三丁目)に約八八〇〇坪の代地があたえられた。この筋違邸があらたな上屋敷となり、本郷邸はこのころから中屋敷と称せられるようになる。前田利常は江戸城大手門の直近にあって幕府の目が届きやすい龍之口邸のことを「気づかいなる所」「むつかしき所(うっとうしい所)」といっており、この屋敷替えを大歓迎したと伝えられている。

▼**上り地**　幕府から返上を命ぜられた屋敷地。

このほか加賀藩には、大姫が入輿した際、随行する幕臣《ばくしん》たちの長屋を建てるため牛込《うしごめ》に六万坪の屋敷地があたえられていたが、大姫（光高死後は清泰院《せいたいいん》）が大火前年の一六五六（明暦二）年になくなっていたため、幕府は大火後の屋敷地再配置のなかでこの牛込屋敷も返上させようとした。しかし加賀藩側の激しい抗議にあい、結局その代地として本郷邸の南側の同心屋敷二万坪と駒込に四万坪の屋敷地があたえられた。加賀藩は、筋違・駒込の二屋敷をあらたに建設し、本郷邸も二万坪の添地をあたえられたことで、屋敷内の配置を大きく変える必要が生じたのである。

本郷邸の表門

明暦の大火以前の本郷邸の表門（大御門）は、江戸城の方角にあたる屋敷南側に設けられていたものと考えられる。図23に掲げた寛永末年の江戸図では屋敷主の名前が表門のほうを頭にして記入されているが、この図の本郷邸をみると「松平《まつだいら》肥前守《ひぜんのかみ》」（前田利常）の文字は図の下方、つまり南側を頭にしている。屋敷の北側は水戸家屋敷、東側は不忍池《しのばずのいけ》方面、西側は同心屋敷や町屋と接していたとみられるので、屋敷の南側に表門を開くのがごく自然の配置であった。

さきにみた一六五〇(慶安三)年の類焼の史料では、屋敷南西隅の富士塚付近の小屋からでた火が長屋を越えて表御殿式台に飛び火したと記しており、明暦の大火の史料では、同じく屋敷地南西角(坤角)の塀に火がついてそこから大門のほうに三〇間程焼けて消し止められたとある。後者から大門は屋敷地南西角から少なくとも三〇間以上離れた位置にあったことがわかるが、前者の飛び火の事実をみると、そこからそれほど大きく離れてはいないことが推測される。この当時の本郷邸は東西三〇〇間以上あったはずであるが、東よりの部分は富山藩・大聖寺藩の屋敷地となっていたため、表門とそれに続く表御殿などはやや西によった位置に配置されていたものと思われる。

明暦の大火のあとにあたえられた二万坪は、図23に破線で囲んだ範囲の同心屋敷であった。屋敷地が南側に拡張したことにより、加賀藩は表門の位置や御殿の配置を動かさなければならなくなった。その経過を直接記した史料はないが、おそらくは表門は屋敷地西側に移され、それにともなって殿舎も再配置されたものと考えられる。

明暦以前の門の遺構

ところで、東大本郷キャンパスの遺跡では、医学部教育研究棟地点で明暦の大火前の門とみられる遺構がみつかっている。礎石《そせき》は一辺約六〇センチもある大きなもので、図24のように整然と配置されており、その間隔はちょうど一間であった。この付近の土はかたく踏みしめられており、礎石列の長辺にそって石組の溝が設けられていた。遺構は後述する一六八二(天和《てんな》二)年の大火の焼土より下層で発見されており、それ以前の時期のものであることはまちがいない。医学部教育研究棟地点の位置を前出の「寛永江戸全図」(図23)に落としてみると×印付近と推定され、これはちょうど明暦の大火前の屋敷境にあたっている。大火後はこの南側に屋敷が拡張したのであるから、それ以前の時期の門の遺構とみてよいであろう。

しかしながら、これを表門(大門)の遺構とみることはできない。発見された礎石列は幅五間・奥行《おくゆき》二間で、このほかに未発見部分があったとしても全体としてそれほど規模は大きくないと思われる。下屋敷とはいえ、大藩加賀藩の表門はこれよりもっと大規模であったはずである。

●──図24　門の遺構（医学部教育研究棟地点出土）

●──図25　本郷邸の表門（『江戸図屛風』より）

さきほど掲げた明暦の大火の史料には、出火後火元のようすを「大門の上に上りて」みたと書かれている。これは、この門が櫓門（二階門）であったことを示している。ここでまた『江戸図屏風』の描写を確認してみよう。前章では寛永の御成の際に整備された育徳園心字池《しんじいけ》とそのかたわらに立つ茶室を屏風のなかにみいだしたが、屏風ではその下方に櫓門と殿舎の一部が描かれている（図25）。これが本郷邸の表門と表御殿の正面入口部分とみられよう。

この櫓門は、江戸城近くの外様大名らの上屋敷と類似した様式で描かれている。明暦の大火以前の上屋敷絵図は萩《はぎ》藩毛利《もうり》家や熊本藩細川家のものなどが現存しているが、それらによって表門（櫓門）の規模を確認してみると、元和期の毛利家屋敷では間口《まぐち》一五間×奥行五間、寛永期の細川家屋敷が間口一〇間×奥行三間であり、しかも中央の大扉部分は柱間《はしらま》が一間より大分広くなっている（図26・28）。加賀藩本郷邸はこれらの屋敷とは違って下屋敷であるが、その表門はやはりこれらに近い規模を誇っていたのではなかろうか。

また、もう一つ、門の遺構と『江戸図屏風』の描写で異なる点がある。発掘された遺構では門の下の地面がかたく踏みしめられていたのに対し、『江戸図屏

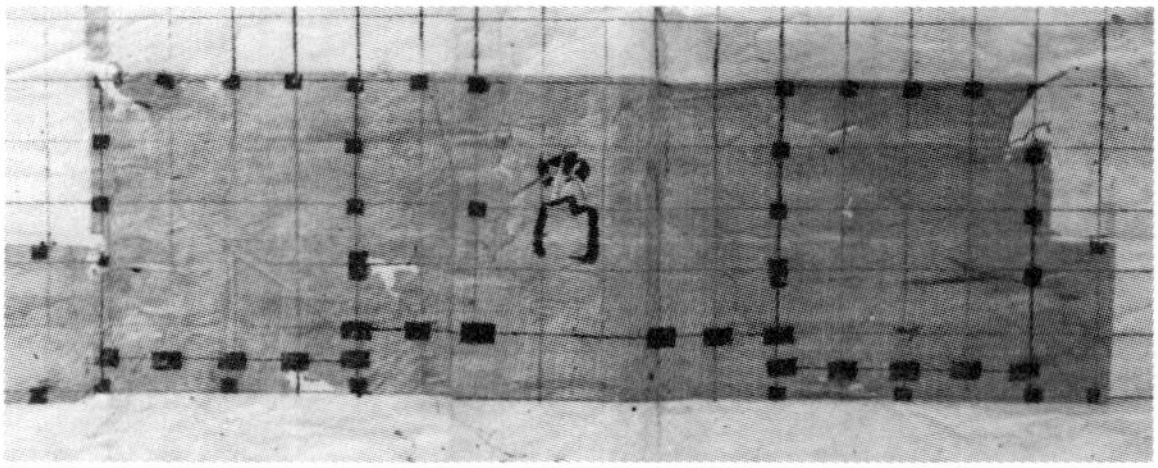

●──図26　**毛利家上屋敷の表門**（毛利家文庫「江戸御屋敷図」より）

●──図27　**毛利家上屋敷の表門**（『江戸図屏風』より）

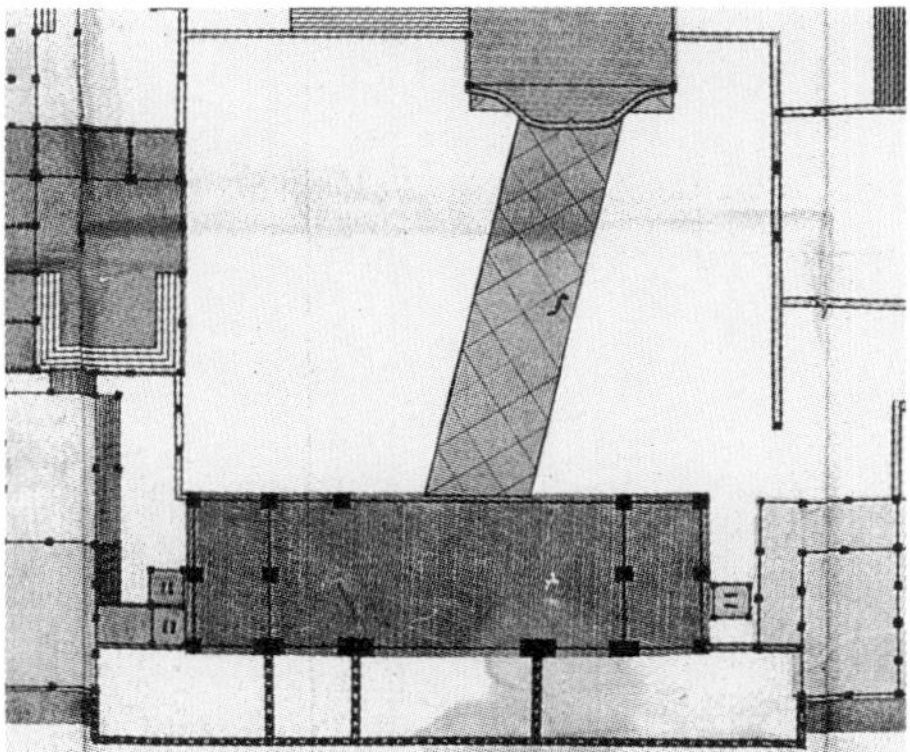

●──図28　**細川家上屋敷の表門**（永青文庫「寛永之頃ト相見エ候龍之口御屋敷図」より）

風』では地面ではなく石敷き(磚《せん》)として描かれているのである。

屋敷の表門の並びには、いくつかの通用門が付随している。『江戸図屏風』の本郷邸にも、櫓門の手前、右におれまがった表長屋とみられる外囲いの途中に通用門が描かれている。発見された遺構はそれらの門の一つであったと考えられよう。

⑤—天和の大火と本郷邸

明暦の大火後の本郷邸

明暦《めいれき》の大火の翌年の一六五八(万治《まんじ》元)年十月、幼少の藩主綱紀《はんしゅつなのり》を助けてきた利常《としつね》が小松《こまつ》城で死去した。しかし綱紀はこのときすでに一六歳になっており、同年七月には会津《あいづ》藩主保科正之《ほしなまさゆき》の娘摩須姫《ますひめ》▲を正室《せいしつ》に迎えていた。史料によると、この摩須姫が輿入れしたのは本郷《ほんごう》邸であった。龍之口《たつのくち》邸の替地としてあたえられた筋違《すじかい》邸はまだ殿舎《でんしゃ》の作事《さくじ》に取りかかれなかったものと思われる。本郷邸も同心《どうしん》屋敷二万坪を加えられ、邸内の配置を大幅に変える作事を行っていたはずであるが、輿入れの五日前に綱紀は「上之御館《うえのおやかた》」に、利常は「新御宅《しんおたく》」に移徙《いし》したとされている。本郷邸は台地上に位置するが、その東よりの富山《とやま》藩・大聖寺《だいしょうじ》藩の上屋敷《かみやしき》となっている部分は不忍池《しのばずのいけ》に向かってくだっていく傾斜地にあり、この両屋敷を下の館、それに対して本藩《ほんぱん》の屋敷を上の館と呼んでいた。綱紀は明暦の大火の際に龍之口邸から本郷邸に避難し、その後添地《そえち》拡張にともなう殿舎再配置が完了するまでのあいだ、利常とともにおそらくは富山・大聖寺両支

▼**摩須姫**　保科正之(一六一一〜七三)は二代将軍徳川秀忠の四男で会津藩主。朱子学《しゅしがく》を奨励し、藩政改革を進めた名君として知られる。前田光高《みつたか》の死後、幼少の綱紀の後見役をつとめた。摩須姫はその四女。

藩の屋敷内にかりの住居を設けていたのであろう。
摩須姫は実家保科家から女中三七人・下女《げじょ》五四人、男役人として禄高《ろくだか》六〇〇石《こく》の「御前様御家老《ごぜんさまごかろう》」をはじめ藩士《はんし》六人、料理人から小者《こもの》・下男《げなん》まであわせて二〇人を本郷邸にともなってきた（「壬申雑篇《じんしんざっぺん》」『加賀《かが》藩史料』第三編所収）。保科家側はこのほかに一二〇〇石取りの藩士をもう一人つけたいと申し入れていたが、利常はそれを断わっていた。将軍の養女大姫《おおひめ》のときには随行する幕臣《ばくしん》の長屋《ながや》を建てるために六万坪の屋敷が用意されたほどであったが、それに比べると随行者の数は格段に少なかった。大火後の屋敷復旧などで多額の経費が必要であったから、加賀藩としては入輿《じゅよ》にともなう負担をできるだけ軽減したかったのであろう。

綱紀はこの二年後の一六六一（寛文《かんぶん》元）年七月、金沢に初入部し、祖父利常が始めた改作法《かいさくほう》▲をさらに整備するなど藩政改革を積極的に推進した。この時期の江戸屋敷の状況は史料が少ないため詳しいことはわからないが、一六六五（寛文五）年には幕府が大名《だいみょう》家臣《かしん》の江戸証人制度を廃止しており、それにともなって本郷邸の屋敷内配置が一部変更されている。

▼**改作法**　一六五一～五六（慶《けい》安《あん》四～明暦《めいれき》二）年に綱紀の後見をしていた利常が実施した農政改革。定免《じょうめん》制を採用して年貢《ねんぐ》納入の徹底をはかり、一方では貧農に作食《さくじき》米《まい》を貸しつけるなどしてその救済につとめた。

▼『東邸沿革図譜』　小松城番《じょうばん》や算用場《さんようば》奉行などを歴任した富田景周が加賀藩の江戸各屋敷の変遷を図をまじえて解説した著作。

この証人制度は有力大名の家老クラスの上級家臣またはその子息を人質として江戸に滞在させるもので、一六六五年の廃止時には外様《とざま》大名二九家・徳川《とくがわ》一《いち》門《もん》六家（御三家《ごさんけ》を含む）、計三五家の大名が証人を江戸においていた。多くの場合、各藩とも一年ないし数年交代で証人を江戸に送っており、幕府からあたえられた「証人屋敷」、または藩の江戸屋敷内に居住した。

江戸時代後期の加賀藩士富田《とみた》景周《かげちか》が隠居後に江戸屋敷の変遷を考証して著わした『東邸沿革図譜《とうていえんかくずふ》』▲では、加賀藩の証人は黒多門《くろたもん》邸という証人屋敷に居住していたとされている。同書によると黒多門邸は大聖寺藩邸の東側に隣接しており、ある時期に証人屋敷を設けるための添地として幕府からあたえられたか、本郷邸の一部を切り分けて独立の屋敷地としたかのいずれかであると思われる。証人とはいえ行動の自由が束縛されていた訳ではないから、多分に形式的なものではあるが、幕府との関係ではともかく藩の屋敷とは別の独立住居に住まわせる必要があったのである。

天和の大火

摩須姫が本郷邸に入輿したのち、上屋敷である筋違邸がどのくらい整備されたのかは不明である。綱紀夫妻はそのまま本郷邸を居屋敷にし続けたようにも思われる。そして明暦の大火から二五年後の一六八二(天和《てんな》二)年の暮れから翌年二月にかけて数回の連続的な火災が発生し、本郷邸も大きな被害を受けた。後世、天和の大火とも、また八百屋お七《しち》の放火事件のきっかけになったことからお七火事とも呼ばれることになる火災であり、明暦の大火につぐ江戸三大火の一つである。

最初の火災は一六八二年の十二月二十八日駒込大円寺《こまごめだいえんじ》▲で発生し、折からの強い北風に煽られて本郷・湯島《ゆしま》方面にたちまち燃え広がった。その後神田《かんだ》・日本《にほん》橋《ばし》一帯、さらに大川《おおかわ》を越えて本所《ほんじょ》・深川《ふかがわ》にも延焼して、翌朝ようやく鎮火に向かった。この大火では、大名屋敷七三・旗本《はたもと》屋敷一六六・寺院四八・神社四七、そのほか多数の町屋が類焼し、三五〇〇人が焼死したとも伝えられている。

火元の駒込からそれほど隔たっていない加賀藩本郷邸も類焼し、表門を残して殿舎・長屋の大半を失った。隣接する富山・大聖寺両支藩の上屋敷も灰燼に

▼**大円寺**　一五九七(慶長《けいちょう》二)年に起立し、一六四九(慶安二)年に駒込に移転した曹洞宗《そうとうしゅう》寺院。

帰したと伝えられている。加賀藩はこの本郷邸のほか、筋違邸と湯島切通《きりどおし》にあたえられていた屋敷も類焼の被害を受けた。

　このとき類焼した本郷邸には、寛永《かんえい》期に三代藩主前田利常が新築した当初の建築が多数残っていた。『高卑雑談《こうひざつだん》』▲には、「此本郷之亭は、微妙公(前田利常)の御好《おこのみ》物《もの》を以て造作《ぞうさく》なされ、世上に名高き一本柱之間など云、夥《おびただ》しき御作事なりし。今の世ならば、いかばかりにては出来む。昔なりとも過分の物入りにてこそあらめなどといふ」と記されている。一六二九(寛永六)年に秀忠《ひでただ》・家光《いえみつ》を迎えるための殿舎として整備され、その後は利常の隠居屋敷として贅《ぜい》を凝らした造作が加えられた。それらの豪華な殿舎の名残りがこの大火ですべて灰燼に帰したのである。

　年が明けて一六八三(天和三)年は正月早々から二月中旬にかけて大小数回の火災が各地で発生し、暮れの大火に追打ちをかけた。そのうち正月七日の火災は加賀藩本郷邸から出火したものであった。これはまもなく鎮火して被害は少なかったが、その後、市中各地で連続する火災とともに、屋敷内外の人びとに恐怖をあたえたことはまちがいない。

▼**『高卑雑談』**　加賀藩家老で国《こく》学者《がくしゃ》でもあった今枝直方《いまえだなおかた》の著作。歴代藩主らの事績などをまとめたもの。一六八四(貞享《じょうきょう》元)年成立。

巨大な土取り穴

この大火の痕跡は、東大本郷キャンパスの地下のいたるところにも残されている。文献史料によると本郷邸が全焼に近い被害をこうむったのは、この天和の火災のほか、一七〇三(元禄《げんろく》十六)年十一月(水戸《みと》藩《はん》邸から出火したため水戸様火事と呼ばれる)、三〇(享保《きょうほう》十五)年一月、三八(元文《げんぶん》三)年一月の火災のときであるが、天和の火災による焼土層は学内で遺跡調査をすると必ずといっていいほど確認され、またそれが各遺構・遺物の年代比定をするうえでたいへん役立っている。

附属病院病棟地点では、大火後の大規模な屋敷普請《ふしん》にともなうものとみられる巨大な土取り穴がみつかった。南北五〇メートル、東西二〇メートル、深さ五メートルという巨大な遺構である。発掘調査でみつかった土坑《どこう》が土取り穴かどうかを判別するのは専門家でもむずかしいとのことであるが、東大埋蔵文化財調査室の堀内秀樹氏は他の遺構と判別する最大公約数的な特徴として、(1)不定形を呈するものが多い、(2)大型の遺構が多い、(3)不規則な階段相当施設がある、(4)平面的に複数の遺構と思われるものでも切合い(他の遺構との重なり合い)

が認められない、の四点をあげている。

堀内氏によると、加賀藩邸および隣接する大聖寺藩邸などの場合、土取りの第一の目的は、屋敷を造営するための平坦面をつくりだすことにあったという。低くへこんだ部分の地面を嵩《かさ》上げして平坦面を拡張したり、廃棄する施設を埋め戻すのに屋敷内の土取り穴からとった大量の土が使用されたのである。古地図を子細に観察すると、江戸のあちこちに幕府が設定したとみられる土取り穴が設けられており、それは大火のあとなどには幕府の施設のためだけではなく、周辺武家《ぶけ》屋敷の復旧にも利用されたものと考えられるが、加賀藩本郷邸のように敷地に十分な余裕がある場合は、屋敷内で必要な土木建設用土が採取されたのである。

東大構内遺跡では、このほか御殿下《ごてんした》記念館地点でも、南北二五メートル以上、東西一〇メートル、深さ六メートルの土取り穴がみつかっている。加賀藩本郷邸は一〇万坪近くの規模をもち、台地の縁近くに立地していたため、屋敷内の地形は平坦ではなかった。天和の大火後の復旧過程のように屋敷内の殿舎や長屋を全面的に新築するような作事では、大規模な盛り土や掘削をともなう造成工事をまず行わなければならなかったのである。

「天和二年」銘の焼塩壺

附属病院病棟地点の巨大な土取り穴は、天和の大火後まもない時期に、水分を多く含んだ黒灰色の泥土と大量の廃棄物によって埋め戻されていた。泥土は池を浚渫《しゅんせつ》したときにでた土と考えられている。本郷邸内の池だとすると、育徳《いくとく》園心字池《えんしんじいけ》を浚《さら》ったのであろうか。廃棄物は、殿舎造営にともなうものとみられる鉋屑《かんなくず》や大工道具、陶磁器《とうじき》類、漆器《しっき》、食物残滓《ざんし》などであった。そしてそれらのなかから、「天下一御壺塩師《てんかいちおつぼしおし》 堺見《さかいみ》なと伊織《いおり》」という刻印と「天和二年(一六八二年)三月十日」という墨書《ぼくしょ》をもつ焼塩壺《やきしおつぼ》が発見された(図29下)。

焼塩壺は、高さ十数センチのコップ型・蓋《ふた》付きの素焼きの土器《どき》で、粗塩《あらじお》をいれて壺ごと焼いて精製塩とし、食卓塩として用いられたものである。和泉《いずみ》・大坂・播磨《はりま》・京都などおもに上方《かみがた》で生産され、江戸をはじめとして各地に移出されたようで、江戸の遺跡でも多数出土している。この焼塩壺のおもしろいところは、壺の側面に生産者による刻印が多く残されていることであり、その刻印

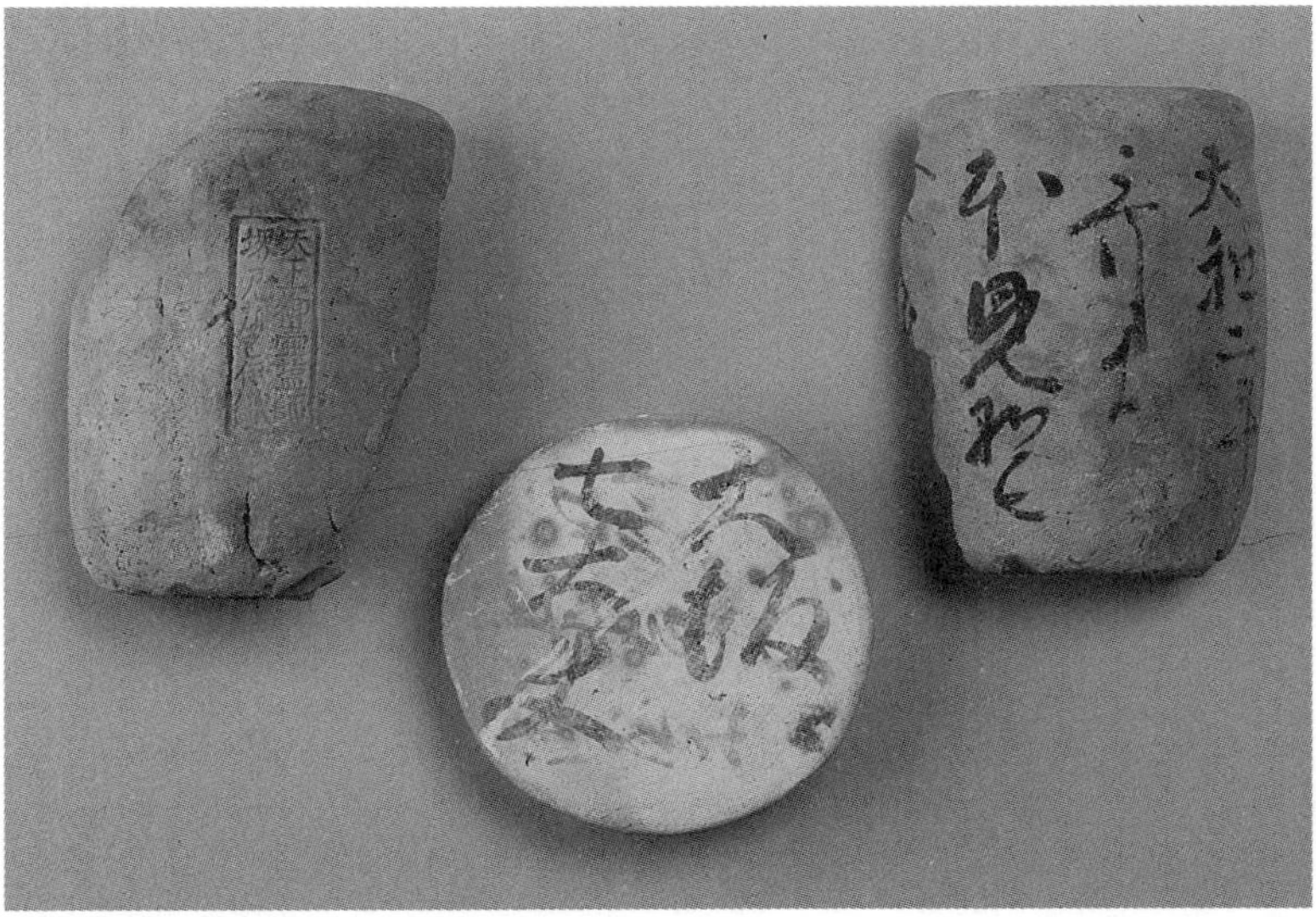

●──**図29　焼塩壺**　上図は御殿下記念館出土，刻印は右から「泉州麻生」「天下一堺ミなと藤左衛門」「天下一御壺塩師堺見なと伊織」。下図は附属病院病棟地点出土，右の破片に「天和二年三月十日」の日付がみえる。

の違いによって、生産地はもちろんのこと、比較的細かい生産年代も判定することができることである。

たとえば特産地の一つ、和泉国堺近郊の湊村《みなと》（現・堺市）で生産された焼塩壺は、十七世紀から十八世紀にかけて次のように刻印が変化している。

① 〜一六五四年　「ミなと藤左ヱ門《とうざえもん》」
↓
② 一六五四〜七九年　「天下一堺ミなと藤左衛門」
↓
③ 一六七九〜八二年　「天下一御壺塩師堺見なと伊織」
↓
④ 一六八二〜（一七三八年以前）　「御壺塩師堺湊伊織」
↓
⑤ （一七三八年以前）〜　「泉《いずみ》湊伊織」

①〜⑤の具体的な年代区分は、地誌『堺鑑《さかいかがみ》』▲の記述などをもとにして設定されたものであり、それについてはより信頼にたる史料の発掘や分析が必要であ

▼『堺鑑』　衣笠一閑《きぬがさいっかん》が著わし、一六八四（貞享元）年に刊行された堺周辺に関する地誌。

ると以前指摘したことがあるが、その後新しい史料はみつかっておらず、また考古学分野での研究では、焼塩壺の形態・製法や検出された遺構の年代によって妥当な年代観としてすでに確定されたものとなっている。関係する文献史料の調査・検討はなお必要であるが、近世遺跡の重要な年代指標であることに変わりはない。

さて、附属病院病棟地点で出土したのは、③の「天下一御壺塩師堺見なと伊織」の刻印をもつ焼塩壺に「天和二年」の文字が墨書されたものであった。この年紀は、右に示した焼塩壺の刻印変遷と合致している。焼塩壺はおそらく長期保存には向いていなかったであろうし、容器の壺そのものは質素な素焼きの土器であるから、使用後まもなく廃棄されるのが普通であったと思われる。その壺に年紀が墨書されていたことの意味は一考の余地があるが、まずは購入・使用の時期を書き込んだものと考えてよいであろう。天下一号の使用を禁ずる幕令は、一六八二年七月に発せられており、この禁令は全国各地・各業種に短期間のうちに徹底されたとみられているので、そのことを考えあわせると、この墨書焼塩壺は八二年の一月から七月のあいだに購入・使用されたものとみることができる。

火災後の復旧過程

天和の大火は、加賀藩本郷邸のあり方に大きな変化をもたらした災害であった。幕府は類焼した大名屋敷や旗本屋敷の移転をはかり、加賀藩もそれに応じて筋違邸と湯島切通にあたえられていた屋敷地を返上し、中《なか》屋敷であった本郷邸を整備して上屋敷とすることを決めた。大火の約三カ月後の一六八三(天和三)年三月二十一日には、以後本郷邸を上屋敷、駒込邸を中屋敷、平尾《ひらお》邸(筋違邸の代地として拝領)を下《しも》屋敷と称するようにとの触れが藩内に流されている。

また本郷邸の屋敷割も、隣接する富山・大聖寺両支藩の上屋敷地や、証人制度廃止後に足軽《あしがる》や聞番《ききばん》▲らの長屋がおかれていた旧黒多門邸の敷地を含めて大幅に配置替えされることになった。具体的にいうと、それまで黒多門邸があった位置に大聖寺藩邸が移され、あいた西側が本藩邸に組み込まれたのである。

また、この年の十二月、屋敷地西側北よりに隣接していた幕府先手鉄砲組《さきててっぽうぐみ》屋敷の一部を加賀藩が内々で買得している(『松雲院様御近習向留帳抜萃《しょううんいんさまごきんじゅうむきとめちょうばっすい》』上編十、

▼**聞番**　江戸屋敷にあって幕府や他藩との応接にあたる役職。他藩では江戸留守居役《るすいやく》と呼ばれている。

金沢市立玉川図書館近世史料館所蔵加越能文庫)。一六七九(延宝《えんぽう》七)年に板行された「江戸方角安見《ほうがくやすみ》図」(図30)をみると、本郷邸の西側は、南より半分が本郷四丁目から六丁目の町屋と接し、北より半分は「中山勘解由《なかやまかげゆ》クミ(組)」と接している。中山勘解由(直守《ただもり》)は先手鉄砲組頭《くみがしら》で、配下の与力《よりき》・同心の組屋敷がこの周辺に配置されていたのである。加賀藩としては駒込邸やあらたにあたえられた平尾邸方面への行き来にも不便なため、屋敷地をふさいでいる組屋敷を買いとって敷地を表通り(現在の本郷通り)まで拡張したいと考えたのであろう。

先手組側との交渉は当初、間口《まぐち》二〇間《けん》(一間=一八二センチ)分だけを組に残してその他すべてを加賀藩が買い入れるという話で始まったが、その後組側が、間口二〇間だけでは幕府に届け出たときに実際に居住していないと疑われるため、間口一五〇間・奥行二〇間を残してほしいと申し出た。加賀藩側もそれをもっとものことと受け入れて、藩邸北西隅に出入口を設けるため間口八間分をあけ、そこから南に一五〇間×二〇間=三〇〇〇坪を組屋敷に残すこととなった。本郷邸の北西の突端が鍵の手状に細長く伸び、その鍵の手のなかに先手組屋敷が包み込まれたようなこの配置は、その後幕末まで続いている(九ページ図

●図30 一六七九年ごろの本郷邸周辺(「江戸方角安見図」より)

1参照)。ちなみに、この売買で加賀藩が支払った引料《ひきりょう》は金三〇〇〇両であった。買い取った敷地の面積は不明であるが、のちの時期の絵図から推定すると、三〇〇〇坪を少し上回るものとみられるから、坪単価一両弱で売買が成立したことになる。

このような屋敷地の内実売買は、大名屋敷・幕臣屋敷とも早くから行われている。幕府は享保期ごろから武家屋敷に対する管理・統制策を強めていくが、十七世紀段階ではめだった規制はみられない。加賀藩と先手組のあいだで行われた内実売買も幕府の黙認のもとに行われたものと考えたほうがよく、三〇〇〇坪の敷地を残したのも、実際にそこに組士《くみし》が居住するための都合というよりは、二〇間では役所に届け出るのに説明がつかないからというのが理由として述べられているのがおもしろい。

⑥—上屋敷本郷邸の成立

元禄本郷邸絵図

加賀藩本郷《かがはんほんごう》邸の屋敷絵図は数多く残されているが、近世前期十七世紀段階のものは散逸してしまったのか非常に少なく、全体図はわずかに二点伝存しているのみである。その一点が図31の「武州《ぶしゅう》本郷第《てい》図」（財団法人前田育徳会尊経閣《そんけいかく》文庫所蔵）である。この絵図には、これが本郷邸の最初の絵図であり、その後の千変万化はすべてここから始まった、という意味の添書《そえがき》があり、「元禄《げんろく》元戊辰《ぼしん》蠟月《ろうげつ》初六□」（一六八八〈元禄元〉年十二月六日）の日付が記入されている。本郷邸は江戸時代の初め、一六一六～一七（元和《げんな》二～三）年に下屋敷《しもやしき》として拝領した屋敷であったが、この添書が意味するのは、上《かみ》屋敷としての最初の姿を描いた絵図だということであろう。

史料によれば、天和《てんな》の大火から二年余りのちの一六八五（貞享《じょうきょう》二）年の正月に本郷邸再建のための普請奉行《ふしんぶぎょう》が任命され、同年五月には藩主前田綱紀《はんしゅまえだつなのり》が邸内に設けられた仮屋にいったんはいっている。その後、同年十一月には柱立、十

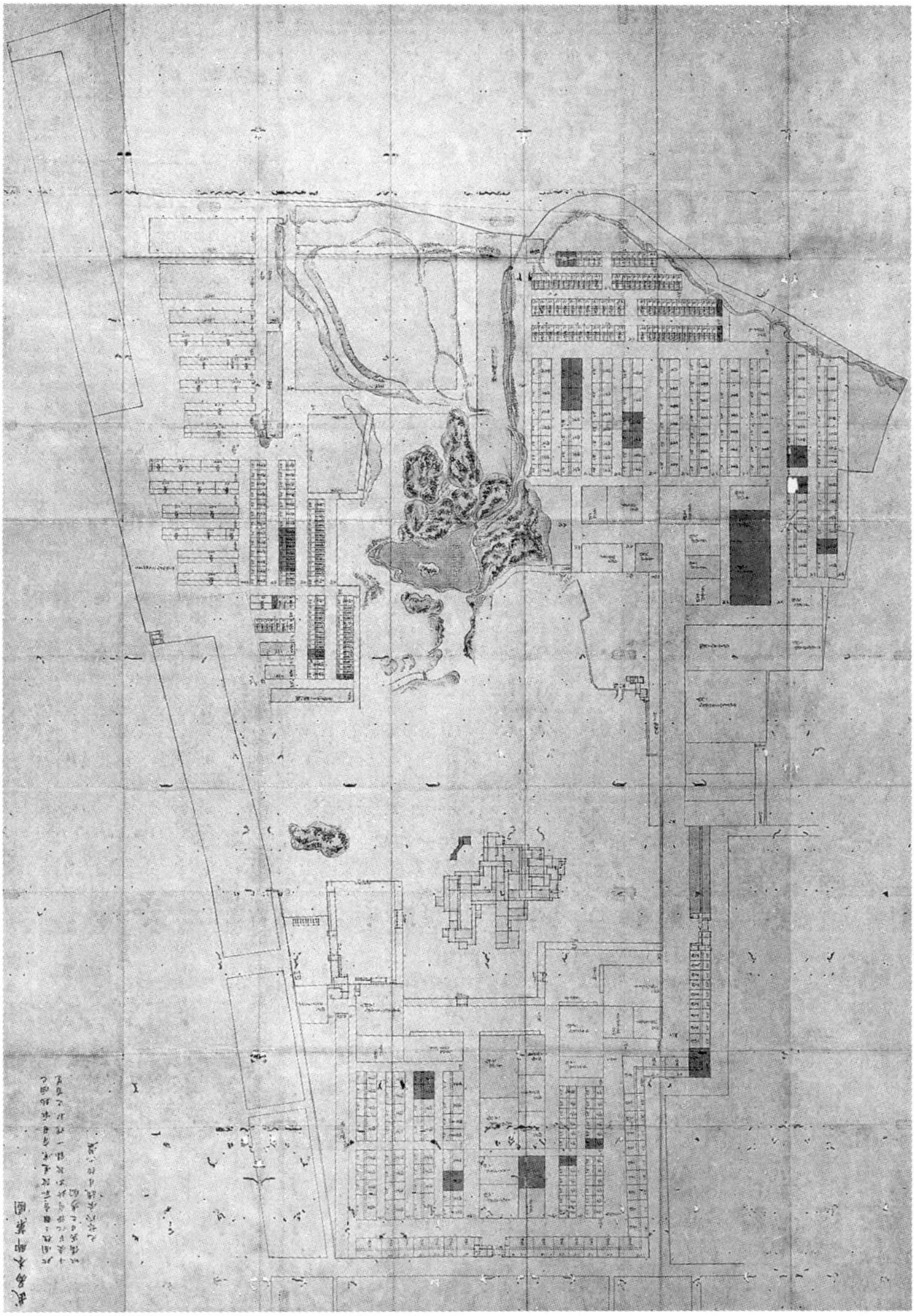

●——図31　「武州本郷第図」(尊経閣文庫)

二月に棟上げの儀式が執行され、本格的な作事《さくじ》が進められたことがわかる。作事の終了時期は特定できないが、一六八七(貞享四)年九月には綱紀が駒込《こまごめ》邸から本郷邸に正式に移徙《いし》しており、十一月には義弟にあたる保科《ほしな》(松平)正容《まさかた》らを招いて能《のう》を興行しているから、この年にはほぼ完成していたとみられよう。

ただし、「武州本郷第図」が添書にある一六八八年十二月時点の屋敷の状況を描いたものであるかどうかは検討の余地がある。この絵図では、屋敷の中心に描かれた殿舎《でんしゃ》はごく小規模なものにすぎず、詰人《つめにん》空間の長屋《ながや》の付近にも地割のためのものと思われる補助線が引かれており、全体として設計途中の絵図であるという印象が強い。描かれている状況は、一六八八年十二月よりも少しさかのぼり、作事開始前後の八五年ごろのそれであると考えておいたほうがよいと思われる。

水戸藩邸との境界

尊経閣文庫には、「武州本郷第図」とよくにた絵図がもう一点残っている。それが図32の「上屋敷殿閣《でんかく》図」である。この絵図には年紀がないが、縮尺や作図法

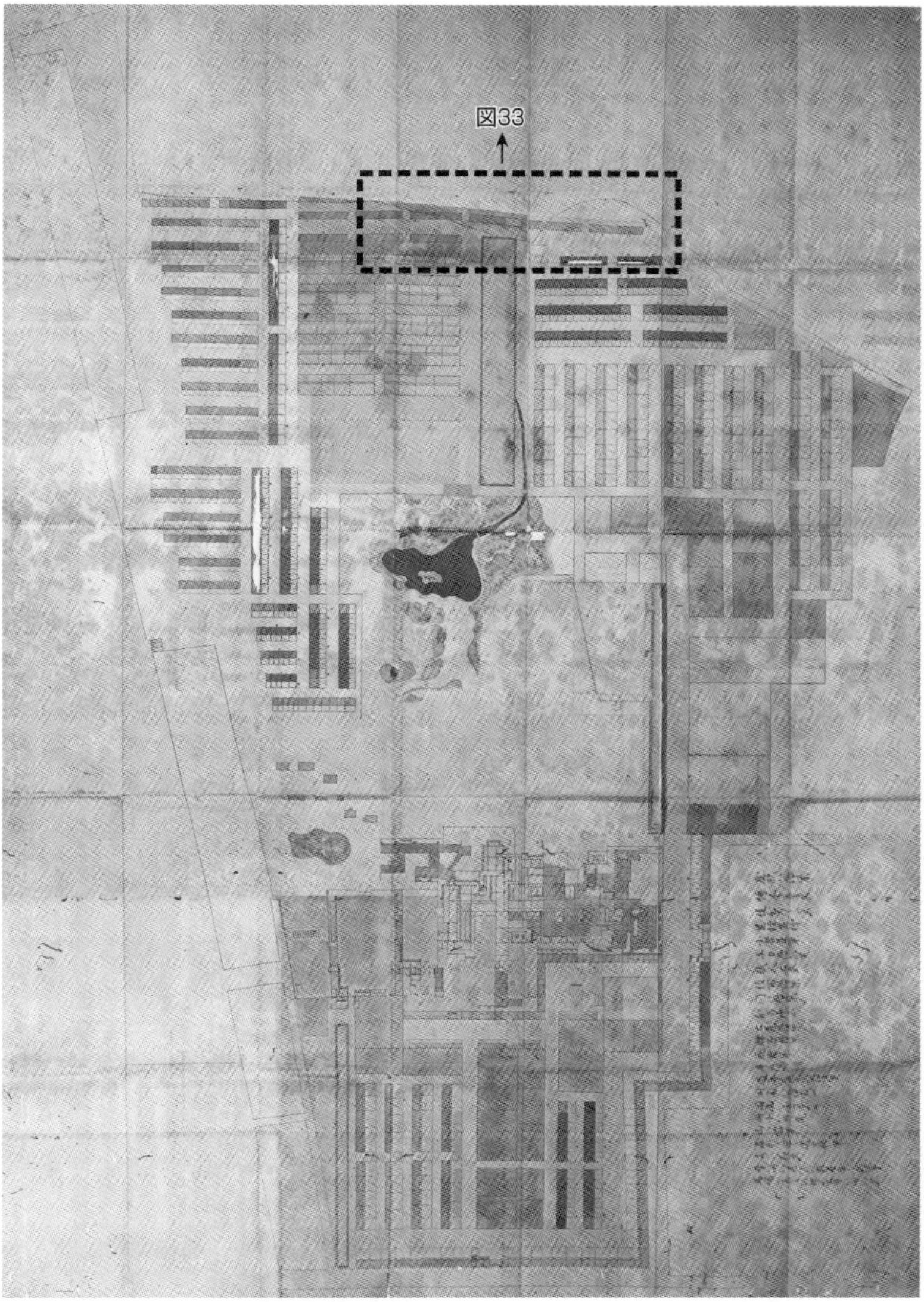

●—図32　「上屋敷殿閣図」(尊経閣文庫)

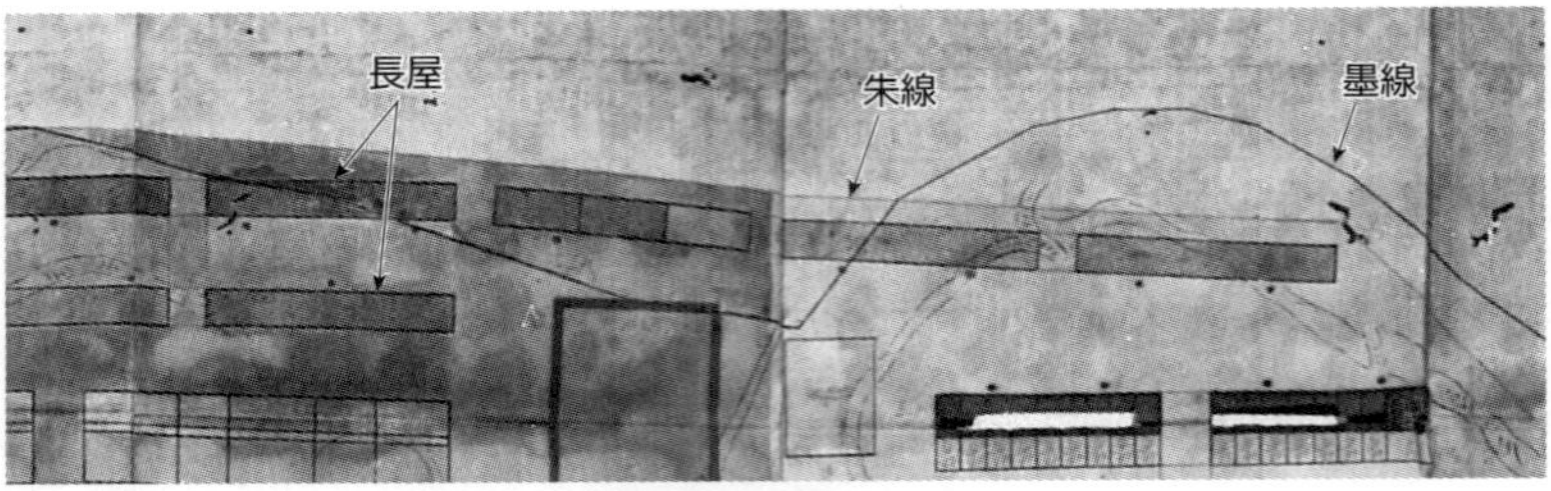

●──図33 「上屋敷殿閣図」の水戸屋敷境部分

（建物部分を色付きの切紙にして台紙に貼り付けた「貼絵図《はりえず》」であること）が「武州本郷第図」と同じであることから、両者はごく近い時期に作成された絵図であると判断することができる。建物の数はこの「上屋敷殿閣図」のほうが多く、「武州本郷第図」ではごく小規模なものにすぎなかった殿舎部分もはるかに充実したものとして描かれている。

「上屋敷殿閣図」で注目されるのは、本郷邸の北側、水戸《みと》藩邸との境界が二とおりの線で描かれていることである。図33はその一部を拡大したものであるが、両屋敷の境界は、地形の高低に規定されたとみられる曲線で引かれた墨線と直線的な朱線の二本で表現されている。元禄期以降の屋敷絵図をみると、この二つのうち墨線のほうが両屋敷の境界として幕末まで生き続けている。だとすると、朱線が天和の大火以前の境界線、墨線のほうが大火以後に変更された境界線とも考えられるが、図にみられるように、朱線をもとにして配置された建物（長屋）の一部は墨線の境界をはみだしているから、その推測は成り立ちにくい。朱線はむしろ、大火を機に水戸藩邸との境界を変更することを意図して引いたものと考えたほうがよさそうである。おそらく加賀藩は、水戸藩邸境付近で大規模な土木工事を行って地形の高低を整序し、あわせて屋敷境を直線的なものに改めることを水戸藩側に申し入れようとしたのではなかろうか。実際の経過は不明であるが、結果としてそうした加賀藩側の意図が実現することはなかった。上記のように両屋敷の境は、おそらく大火以前からの境界線である墨線のまま幕末まで変化しなかったのである。

この水戸藩駒込邸との境については、次のような逸話が残っている(『梧窓漫《ごそうまん》筆拾《ぴっしゅう》遺《い》』▲)。

加賀・水戸両屋敷の境界の塀は、徳川御三家《ごさんけ》の一つである水戸藩が最大の外様《とざま》藩である加賀藩の動静を監視するため、以前から互いの屋敷内が塀越しに覗きみることができる位に低く作られており、屋敷内で飼われていた鹿がそれを飛び越してしまうことさえあったという。前田綱紀はそれを嫌って何度も水戸藩や幕府に対して塀を高く作り直したいと願い出ていたが、彼が老年に至るまでそれは許されなかった。綱紀は出入りの旗本《はたもと》が本郷邸を訪れた際などに、これはこの白髪頭に兜《かぶと》をかぶれという思し召しではなかろうか、などと冗談めかして話していた。そうした話が将軍綱吉《つなよし》の耳に

▼『梧窓漫筆拾遺』 江戸時代後期の儒学者《じゅがくしゃ》太田錦城《おおたきんじょう》(一七六五〜一八二五)の著作。錦城は加賀国大聖寺に生まれ、晩年加賀藩に出仕した。

届いたのであろうか、とうとう幕府から塀を高くすることの許可が下りた。ところが綱紀は、それを受けて塀の造作に取りかかったものの、それまでよりかえって数寸低く作り直したという。

水戸藩初代藩主徳川頼房《よりふさ》の娘（徳川家光《いえみつ》養女）を母にもつ綱紀には、取りつぶしを恐れて汲々としていた二代利長《としなが》など江戸初期の藩主と違って、幕府を恐れない振舞いも時折みられたという。この逸話もそうした綱紀の心意気を示すものとして語り継がれたものと思われる。とはいえ、加賀藩の側では隣接する水戸藩邸の存在がなにかと気にかかっていたことはまちがいない。

前章で述べたように、幕府は一六三〇年代半ば以降に大名《だいみょう》屋敷の建築規制を強めていったが、屋敷境の塀に関する規制は、明暦《めいれき》の大火後にだされた高さ制限の幕府法令一件が知られるのみである。それには塀の高さを八尺（一尺＝約三〇センチ）以下にするようにとの指示がなされている。綱紀にまつわる逸話はそれより半世紀ほどあとの時期のものであるが、塀の高さを変更するのに幕府の許可が必要であったことがうかがえるのは興味深い。

しかしながら、こうした幕府による塀の高さ規制は、しだいに有名無実化し

●—図34　秋月《あきづき》藩三田《みた》上屋敷の表長屋（F＝ベアト撮影）

ていったものと思われる。一般に大名江戸屋敷の外周は、加賀藩・水戸藩境のような塀ではなく、二階建ての表長屋で囲まれていることが多いが、幕末期の錦絵《にしきえ》や古写真などから推定すると、その高さは少なくとも三メートル、なかには五メートル以上に達するものも少なくない（図34）。現存する法令史料などでは確認できないが、江戸時代半ばのある時期以降、幕府による規制が形骸化していった結果ということができるであろう。

加賀藩の四屋敷

加賀藩は明暦の大火ののち、深川《ふかがわ》方面に数カ所の抱《かかえ》屋敷を購入していたが、天和の大火後の平尾《ひらお》邸拝領などを契機にして、それらはあいついで整理されていった。こうして同藩江戸屋敷は上屋敷本郷邸、中《なか》屋敷駒込邸、下屋敷平尾邸、蔵《くら》屋敷深川邸の四カ所に定着していき、幕末にいたっている。それぞれの規模はさきにみたとおりである。本郷邸は八万八四八二坪余であったが、富山《とやま》・大《だい》聖《しょうじ》寺両支藩に貸しあたえた一万六八五〇坪余を加えると、総面積一〇万五三三三坪余におよんでいた。また平尾の下屋敷は大名屋敷のなかで最大の規模である。加賀藩は一〇二万五〇〇〇石《ごく》の大藩であり、江戸屋敷の居住者も二〇〇〇人を超えていたが、幕府の要職を務める譜代《ふだい》大名はこれより多くの江戸詰人をかかえている場合もあり、また御三家の尾張《おわり》藩・紀州《きしゅう》藩などでも約五〇〇〇人の居住者がいたといわれている。加賀藩の江戸屋敷は、相対的には余裕のある空間利用がなされていたものと考えられる。

上屋敷本郷邸の絵図からは、「御殿《ごてん》空間」と「詰人空間」という大名屋敷の空間構成の特徴が明瞭にみてとれたが、どの藩の江戸屋敷でもそのようにはっきりとした二重構造が確認される訳ではなく、手狭な上屋敷では敷地のほとんどが御殿空間に占められている場合が多い。また、殿舎部分が少ないかあるいは皆無の中屋敷や下屋敷ではまったく異なる空間構成をもっていたことは改めていうまでもない。

大名江戸屋敷の実態解明に向けて

以上、本書では、残存する文献・絵図史料と発掘調査を関連づけながら、江戸時代前期の加賀藩本郷邸の姿を復元することを試みた。東京大学本郷キャンパスをはじめ、東京都心部では今後も多くの江戸遺跡、大名屋敷跡の発掘調査が行われていくものと思われる。大名屋敷の構造やそこに暮した人びとの生活の実態にはまだまだ不明な部分が多く、文献史学と考古学・建築史学など関係する諸分野で協力しあいながら、それらを解明していく必要がある。そうした成果を積み重ねていくならば、今後あらたに行われる発掘調査でもこれまでみえていなかった新しい事実が発見されてくるものと期待される。

●──図版所蔵・提供者一覧(敬称略, 五十音順)

石川県金沢城調査研究所　　p.50下
石川県立歴史博物館　　p.30上
臼杵市教育委員会　　p.65
金沢市立玉川図書館　　扉, p.28上
国立歴史民俗博物館　　カバー表, p.48上, 58, 73下, 75中
財団法人永青文庫(所蔵)・熊本大学附属図書館(寄託)　　p.75下
財団法人前田育徳会　　p.93, 95, 96
千代田区立四番町歴史民俗資料館　　p.37左
津山郷土博物館　　p.16下
東京大学史料編纂所　　p.9
東京大学埋蔵文化財調査室保管　　カバー裏, p.22, 24上・下, 26, 28下, 32, 40, 48下, 50上, 73上, 85
『東京都千代田区丸の内三丁目遺跡　第２分冊』　　p.37右
文京ふるさと歴史館　　p.16上
山口県文書館　　p.75上
横浜開港資料館　　p.99

列島に生きた人たち　2遺跡下』岩波書店,2000年
宮崎勝美「大名江戸屋敷の展開過程」江戸遺跡研究会編『江戸の大名屋敷』2006年
山本博文『江戸お留守居役の日記—寛永期の萩藩邸—』読売新聞社,1991年
山本博文『加賀繁盛記』NHK出版,2001年
吉田純一『城郭・侍屋敷古図集成　福井城・金沢城』至文堂,1997年
吉田伸之『巨大城下町江戸の分節構造』東京大学出版会,2000年
若林喜三郎『前田綱紀』吉川弘文館,1961年

年報』1 ～ 6 号, 1997 ～ 2008年
東京都江戸東京博物館編『参勤交代―巨大都市江戸のなりたち―』1997年
東京都千代田区・武蔵文化財研究所編『有楽町二丁目遺跡』有楽町駅前第1地区市街地再開発組合, 2006年
東京都埋蔵文化財センター編『東京都千代田区丸の内三丁目遺跡』東京都生活文化局, 1994年
富田景周「東邸沿革図譜」『景周先生小著集』石川県図書館協会, 1938年
成瀬晃司・堀内秀樹「東大構内の遺跡から」『季刊考古学』53号, 1995年
西秋良宏編『加賀殿再訪―東京大学本郷キャンパスの遺跡―』東京大学総合博物館, 2000年
橋本確文堂企画出版室編『特別名勝兼六園―その歴史と文化―』橋本確文堂, 1997年
日置謙校訂『三壺聞書』石川県図書館協会, 1931年
日置謙校訂『御夜話集　上・下篇』石川県図書館協会, 1933・34年
藤川昌樹「寛永 7 年島津邸御成における御殿の構成と式次第」『建築雑誌』118号, 2003年
藤本強『埋もれた江戸―東大の地下の大名屋敷―』平凡社, 1990年
二木謙一監修『前田家三代の女性たち―國學院大學石川県文化講演会の記録―』北國新聞社, 2000年
堀内秀樹「加賀藩本郷邸における廃棄物処理に関する考察」東京大学埋蔵文化財調査室編『東京大学本郷構内の遺跡　工学部 1 号館地点』2005年
前田家編輯部編『加賀藩史料』第弐編～第四編・編外備考, 1929 ～ 33年
宮崎勝美・吉田伸之編『武家屋敷―空間と社会―』山川出版社, 1994年
宮崎勝美「江戸の武家屋敷地」高橋康夫・吉田伸之編『日本都市史入門　Ⅰ空間』東京大学出版会, 1989年
宮崎勝美「加賀藩本郷邸とその周辺」東京大学遺跡調査室編『東京大学本郷構内の遺跡　山上会館・御殿下記念館地点』第 3 分冊, 1990年
宮崎勝美「江戸の土地―大名・幕臣の土地問題―」吉田伸之編『日本の近世 9 』中央公論社, 1992年
宮崎勝美「江戸本郷の加賀屋敷」西秋良宏編『加賀殿再訪―東京大学本郷キャンパスの遺跡―』東京大学総合博物館, 2000年
宮崎勝美「江戸藩邸の住人たち―江戸本郷―」石井進編『ものがたり日本

之潮編集部編『寛永江戸全図』之潮，2007年
近藤磐雄編『加賀松雲公　上・中・下編』羽野知顕，1909年
坂口豊「東京大学の土台―本郷キャンパスの地形と地質―」『東京大学史資料室紀要』8号，1990 年
佐藤豊三「将軍家『御成』について（六）～（八）」『金鯱叢書』7 ・ 8 ・11輯，1980・81・84年
渋谷葉子「幕藩体制の形成過程と大名江戸藩邸―尾張藩を中心に―」『徳川林政史研究所研究紀要』34号，2000年
渋谷葉子「尾張藩江戸上屋敷の殿舎と作事――七世紀前半の様相―」『徳川林政史研究所研究紀要』38号，2004年
水藤真・加藤貴編『江戸図屛風を読む』東京堂出版，2000年
鈴木進ほか『江戸図屛風』平凡社，1971年
諏訪春雄・内藤昌編著『江戸図屛風』毎日新聞社，1972年
田端寶作『金沢城石垣刻印調査報告書』城郭石垣刻印研究所，1976年
田淵実夫『石垣』法政大学出版局，1975年
忠田敏男『参勤交代道中記―加賀藩史料を読む―』平凡社，1993年
寺島孝一『アスファルトの下の江戸―住まいと暮らし―』吉川弘文館，2005年
東京大学遺跡調査室・東京大学理学部遺跡調査室編『東京大学本郷構内の遺跡　理学部 7 号館地点』東京大学理学部遺跡調査室，1989年
東京大学遺跡調査室編『東京大学本郷構内の遺跡　法学部 4 号館・文学部 3 号館建設地遺跡』東京大学文学部，1990年
東京大学遺跡調査室編『東京大学本郷構内の遺跡　医学部附属病院地点・医学部附属病院中央診療棟・設備管理棟・給水設備棟・共同溝建設地点』東京大学医学部附属病院，1990年
東京大学遺跡調査室編『東京大学本郷構内の遺跡　山上会館・御殿下記念館地点』東京大学庶務部庶務課広報室，1990年
東京大学埋蔵文化財調査室編『東京大学本郷構内の遺跡　医学部附属病院外来診療棟地点』2005年
東京大学埋蔵文化財調査室編『東京大学本郷構内の遺跡　工学部 1 号館地点』東京大学埋蔵文化財調査室，2005年
東京大学埋蔵文化財調査室編『東京大学本郷構内の遺跡　工学部14号館地点』東京大学埋蔵文化財調査室，2006年
東京大学埋蔵文化財調査室（遺跡調査室）編『東京大学構内遺跡調査研究

●――参考文献

在原昭子「江戸幕府証人制度の基礎的考察」『学習院大学史料館紀要』 2号, 1984年
岩淵令治『江戸武家地の研究』塙書房, 2004年
内野正「尾張藩江戸屋敷の諸相―市谷邸・麹町邸・戸山邸発掘調査成果を中心として―」江戸遺跡研究会編『江戸の大名屋敷』2006年
江戸遺跡研究会編『甦る江戸』新人物往来社, 1991年
江戸遺跡研究会編『江戸の食文化』吉川弘文館, 1992年
江戸遺跡研究会編『江戸と国元』2000年
江戸遺跡研究会編『図説江戸考古学研究事典』柏書房, 2001年
追川吉生『江戸のミクロコスモス―加賀藩江戸屋敷―』新泉社, 2004年
追川吉生『江戸のなりたち　1江戸城・大名屋敷』新泉社, 2007年
大塚初重ほか編『八百八町の考古学』山川出版社, 1994年
小川望「江戸遺跡における大名屋敷調査事例所収報告書一覧」江戸遺跡研究会編『江戸の大名屋敷』2006年
小沢詠美子『災害都市江戸と地下室』吉川弘文館, 1998年
金行信輔『江戸の都市政策と建築に関する研究』東京大学学位論文, 1999年
金行信輔「臼杵市所蔵の新出江戸図について」『建築史学』46号, 2006年
北垣聰一郎『石垣普請』法政大学出版局, 1987年
北野博司「加州金沢城の石垣修築について」『東北芸術工科大学紀要』 8号, 2001年
北野博司「金沢城石垣の変遷１・２」『研究紀要金沢城研究』創刊号・２号, 2003・04年
北原糸子『江戸城外堀物語』筑摩書房, 1999年
黒木喬『明暦の大火』講談社, 1977年
黒木喬『お七火事の謎を解く』教育出版, 2001年
古泉弘『江戸を掘る―近世都市考古学への招待―』柏書房, 1983年
古泉弘『江戸の考古学』ニュー・サイエンス社, 1987年
古泉弘『江戸の穴』柏書房, 1990年
古泉弘『地下からあらわれた江戸』教育出版, 2002年
古板江戸図集成刊行会編『古板江戸図集成』巻１～６, 中央公論美術出版, 1958～60年

日本史リブレット87

大名《だいみょう》屋敷《やしき》と江戸《えど》遺跡《いせき》

2008年7月15日　1版1刷　発行
2022年7月31日　1版4刷　発行

著者：宮崎勝美《みやざきかつみ》

発行者：野澤武史

発行所：株式会社 山川出版社

〒101−0047　東京都千代田区内神田1−13−13
電話　03(3293)8131(営業)
　　　03(3293)8135(編集)
https://www.yamakawa.co.jp/
振替　00120-9-43993

印刷所：明和印刷株式会社

製本所：株式会社 ブロケード

装幀：菊地信義

Printed in Japan ISBN 978-4-634-54699-8

日本史リブレット　第Ⅰ期［68巻］・第Ⅱ期［33巻］　全101巻

1 旧石器時代の社会と文化
2 縄文の豊かさと限界
3 弥生の村
4 古墳とその時代
5 大王と地方豪族
6 藤原京の形成
7 古代都市平城京の世界
8 古代の地方官衙と社会
9 漢字文化の成り立ちと展開
10 平安京の暮らしと行政
11 蝦夷の地と古代国家
12 受領と地方社会
13 出雲国風土記と古代遺跡
14 東アジア世界と古代の日本
15 地下から出土した文字
16 古代・中世の女性と仏教
17 古代寺院の成立と展開
18 都市平泉の遺産
19 中世に国家はあったか
20 中世の家と性
21 武家の古都、鎌倉
22 中世の天皇観
23 環境歴史学とはなにか
24 武士と荘園支配
25 中世のみちと都市
26 戦国時代、村と町のかたち
27 破産者たちの中世
28 境界をまたぐ人びと
29 石造物が語る中世職能集団
30 中世の日記の世界
31 板碑と石塔の祈り
32 中世の神と仏
33 中世社会と現代
34 秀吉の朝鮮侵略
35 町屋と町並み
36 江戸幕府と朝廷
37 キリシタン禁制と民衆の宗教
38 慶安の触書は出されたか
39 近世村人のライフサイクル
40 都市大坂と非人
41 対馬からみた日朝関係
42 琉球の王権とグスク
43 琉球と日本・中国
44 描かれた近世都市
45 武家奉公人と労働社会
46 天文方と陰陽道
47 海の道、川の道
48 近世の三大改革
49 八州廻りと博徒
50 アイヌ民族の軌跡
51 錦絵を読む
52 草山の語る近世
53 21世紀の「江戸」
54 近代歌謡の軌跡
55 日本近代漫画の誕生
56 海を渡った日本人
57 近代日本とアイヌ社会
58 スポーツと政治
59 近代化の旗手、鉄道
60 情報化と国家・企業
61 民衆宗教と国家神道
62 日本社会保険の成立
63 歴史としての環境問題
64 近代日本の海外学術調査
65 戦争と知識人
66 現代日本と沖縄
67 新安保体制下の日米関係
68 戦後補償から考える日本とアジア
69 遺跡からみた古代の駅家
70 古代の日本と加耶
71 飛鳥の宮と寺
72 古代東国の石碑
73 律令制とはなにか
74 正倉院宝物の世界
75 日宋貿易と「硫黄の道」
76 荘園絵図が語る古代・中世
77 対馬と海峡の中世史
78 中世の書物と学問
79 史料としての猫絵
80 寺社と芸能の中世
81 一揆の世界と法
82 戦国時代の天皇
83 日本史のなかの戦国時代
84 兵と農の分離
85 江戸時代のお触れ
86 江戸時代の神社
87 大名屋敷と江戸遺跡
88 近世商人と市場
89 近世鉱山をささえた人びと
90 「資源繁殖の時代」と日本の漁業
91 江戸の浄瑠璃文化
92 江戸時代の老いと看取り
93 近世の淀川治水
94 日本民俗学の開拓者たち
95 軍用地と都市・民衆
96 感染症の近代史
97 陵墓と文化財の近代
98 徳富蘇峰と大日本言論報国会
99 労働力動員と強制連行
100 科学技術政策
101 占領・復興期の日米関係